JN281415

特別支援教育のための
授業力を高める方法

太田正己著

黎明書房

まえがき

　教師は，それまで積み上げてきた教育の技術や理解を超える状況に直面したとき，しばしば困惑する。実践の中で，子どもたちとのかかわりの中で困惑し，自らの教師としての専門的能力に不安を持つ。しかし，そうした場合も多くは，その状況を冷静に省みて，次の一歩を踏み出すのである。そういう状況に出くわすからこそ，授業力を高めることにつながるのである。

　「教師が人間として，欠点を持ったまま，完全な教師であるためにはどうすればよいのであろう。」

　かつて，このような問いを発した元教師がいた。それは，障害児教育の分野から福祉の分野にすすみ，戦後の障害児福祉に大きな足跡を残した田村一二である。生涯未熟な人間が教師を続けていくためにはどうすればよいのだろうかという問いである。田村自らが答えている。それは，教師には何が大切であるかということを知ることであり，「どういう先生になるのかその目標，方向がきまったら，そうなりたいという意欲を持つことである」。

　このことは，新任の教師に限ったことではなく，それぞれの教師の年代に応じてその目標，方向を持つことを意味する。

　昨今，通常の学級に在籍する学習障害，注意欠陥/多動性障害，高機能自閉症などの軽度発達障害と呼ばれる子どもたちの教育が注目を集めている。文部科学省の調査では，このような子どもたちは，通常の学級に6.3％の割合で在籍して教育を受けているという。しかし，これまでその教育が社会的な注目を浴びてきたわけではなく，担任教師もこの子

どもたちの特徴を知り，学習特性に注目して指導を進めてきたわけではなかった。生活上や学習上で何か問題が生じると，この子どもたちの努力不足として言及されることも多かったようである。

しかし，特別支援教育の立場からこのような子どもたちに焦点が当てられることで，努力不足は子どもたちの側のことではなく，むしろ教師の障害理解や指導上での工夫や技術の問題として捉えられるようになってきた。

国は，2001年（平成13年）1月，文部科学省の再編に際して，それまでの担当課の名称を「特殊教育」課から「特別支援教育」課に変更した。これ以後，特別支援教育の名称が使われることになる。特別支援教育の在り方に関する調査研究協力者会議が2003年（平成15年）3月に出した『今後の特別支援教育の在り方について（最終報告）』では，その基本的方向と取り組みの冒頭に「障害の程度等に応じ特別の場で指導を行う『特殊教育』から障害のある児童生徒一人一人の教育的ニーズに応じて適切な教育的支援を行う『特別支援教育』への転換を図る。」と記されている。

わが国の特殊教育は，障害の程度等に応じて盲学校，聾学校，養護学校の特殊教育諸学校や特殊学級の特別の場で行われることを基本としてきた。そのために，これまでその教育の歴史の中では，通常の学級での障害のある子どもの教育に焦点が当てられることはほとんどなかったといえる。しかし，自閉症の子どもの教育の歴史の中では，通常の学級での取り組みが注目される時期があった。むしろ，自閉症の子どもたちの学校教育は，通常の学級から始まったといえる。それは，昭和40年代はじめのころである。

通常学級での自閉症の子どもたちへの取り組みの中で，担任教師たちは，頭を悩ませることも多かった。その一人，村田保太郎は，担任教師

たちからの訴えを次のように書いている。

「自閉症児を受け入れた学校の担任や他の教師は、今まで自分達が経験してきた教育方法や技術の範囲を超える事態に当面することがしばしばあった。特に学級という集団社会から逸脱したり、教師の指示のなかに入らないということで、問題を訴える教師が多かった。」

通常学級の中で自閉症児を担任した教師たちの指導上の困惑がひとつの契機となって、「自閉症といわれた子の担任の会」が設立され、教育方法の研究が組織的に行われることになる。

現在も、通常の学級では同じことが起こっている。教師たちは、それまで自らが経験し習得してきた教育方法や技術の範囲を超えた事態に当面しているのである。あるいは、相対する子どもたちをどのように理解すればよいのか、そのことにも混乱をきたしている事態であるといえる。

1953年（昭和28年）、世界で最初に自閉症の子どもたちのための学校を創設したニューヨーク市立学校の元教師であるカール・フェニケルは、小学校や中学校で教師をしているときに、「行動上、学習上で多様な問題を持った子どもたち」に接するとき、そのような子どもたちの無作法を快く思えず、「教師としての私の役割への敵対的挑戦」であると感じていた。同時に、自分の教師としての「専門的能力についての疑惑の念」を持ったが、そこから指導上での自らの工夫を始める。結果的に、カール・フェニケルは、教師としての自分の態度ややり方を変え、プログラムを変更した。これらのことによって、このような子どもたちの教育的、行動的問題の多くが治療され、うまく解決されることに気づいたのである。

そのカール・フェニケルの名言のひとつと私が考えるものに、次のものがある。

「教師は、自分自身の価値観、ニーズ、仕事のスタイルが子どもたちのニーズやプログラムを促進するか、あるいは妨害するかを確認する自

己への気づきを発展させなければならない。」

このような自己への気づきを出発点として，カール・フェニケルは，その日その日の実践を振り返り，カンファレンスを積み重ね，子ども一人ひとりの教育プログラムを作成し，「よい教育は治療である」という彼の信念に基づいた自閉症児への教育を展開した。そして，
「教師が最も効果的な治療者である。」
という考えに到った。

かつて「自閉症といわれた子の担任の会」を結成し仲間同士が学び合ったように，教師にとって，研究会や研修会で学ぶことも重要である。カール・フェニケルのように，その日その日の実践を振り返ることも，個別の指導計画をつくることも重要である。どれも実践力，授業力を高めることになる。筆者としては，本書を読むこともそのような実践力，授業力を高めるひとつの方法になることを願っている。

なお，最後に本書の出版にあたり，黎明書房武馬久仁裕社長には多くの有益なアドバイスをいただいたこと，編集部の方々には丁寧な対応をしていただいたことを記して感謝の気持ちと致します。

2004年6月梅雨の晴れ間に

八科峠近く，山百々の書斎にて

太 田 正 己

参考文献
- 太田正己『自閉症児教育方法史（増補版）』文理閣，2003。
- 太田正己『名言と名句に学ぶ障害児の教育と学級づくり・授業づくり』黎明書房，2003。

目　次

まえがき　1

1　特別支援教育に必要とされる授業力とは

特別支援教育とは　9
LD，ADHD，高機能自閉症の子どもたち　11
「特別な教育的ニーズ」への対応　12
的確な指導のために　14
教育技術としての授業力　16
授業の中の共感的応答　18
教材・教具の再考　20
おわりに　21

2　通常学級ではじめて障害児とかかわる教師のあり方

教師自らが意識改革を　22
交流教育における指導者の意識の問題　23
学習指導要領にみる交流教育の歴史的経緯
　　──教師の意識化の視点　25
教育現場での取り組みから　28

通常学級ではじめて障害児とかかわる教師へ　32

3　授業力を高めるための手だて

大切なこと　34

授業者の意図　34

100回以上の授業研究会　35

普段の授業に学ぶ　36

養護学校では　37

教師の専門性　38

一教師の感動から　39

授業の見方　39

授業案を読んで　40

授業案の情報　41

授業案の読み合わせ　42

参観の角度　43

ビデオのみにくさ　44

具体的手だて　45

参観について　46

メモすること　47

分析すること　47

語ること　47

授業者の思い違い　48

授業のイメージワーク　49

この授業の大事なこと　50

授業のイメージワークと専門性　50

4 授業力を高めるための授業研究のすすめ

教師の願い　52
なぜ授業を研究するか　53
最近の授業研究　53
授業研究の2つの流れ　54
現場の授業研究の方法の見直し　57
現場の授業研究の方法の再構築のために　57
現場の研究方法を検討する場合の考慮点　58
普段着の授業研究のすすめ
　　――「おむすび」と「ロマン」と　59
五目おむすび法　60
ロマン・プロセス・アプローチ（RPアプローチ）法　61
授業批評の妥当性　62
授業批評による授業研究の有効性　62

5 授業のコンサルテーションのために

授業のコンサルテーションとは　64
「授業意図に即す」　65
「授業意図に即して」を明らかにするための方法　67
「授業意図に即して」を明らかにするために得られた結果　69
「授業意図に即して」を明らかにするための考察　70
授業のコンサルテーションのために　84

6 個別の指導計画から授業づくりへの展開

授業づくりからみた問題点　85
個別の指導計画の項目間のつながり　86

個別の指導計画と授業のつながり　88

7　授業力をアップするポイント点検

　　　教材の点検から始めよう　91
　　　教授行為を点検しよう　96
　　　子どもの実態把握の視点を点検しよう　101
　　　授業のイメージを点検しよう　106
　　　自分の授業研究法を点検しよう　112

8　養護学校の授業実践から学ぶ

　　　授業参観で学ぶ　119
　　　小学部授業：「かさこじぞう」の参観から　120
　　　中学部授業：「エプロンのリボン結び」の参観から　121
　　　高等部授業：「らいちょう笛」の参観から　124
　　　自分の授業づくりの視点への変換　126

9　子どもの自己決定を重視した授業展開

　　　授業における自己決定　127
　　　授業実践を分析する　129
　　　実践分析の視点　130
　　　4つの視点からの分析の試み　133
　　　自己決定を重視した授業展開　137

あとがき　141
引用文献　144

1 特別支援教育に必要とされる授業力とは

特別支援教育とは

2003年(平成15年)3月に,特別支援教育の在り方に関する調査研究協力者会議が,『今後の特別支援教育の在り方ついて(最終報告)』を出した。いま,これからの障害のある子どもの教育について語るとき,この最終報告の内容が引き合いに出されることが多い。

この報告では,特別支援教育について,次のように記している。

> 特別支援教育とは,従来の特殊教育の対象の障害だけでなく,LD,ADHD,高機能自閉症を含めて障害のある児童生徒の自立や社会参加に向けて,その一人一人の教育的ニーズを把握して,その持てる力を高め,生活や学習上の困難を改善又は克服するために,適切な教育や指導を通じて必要な支援を行うものである。

これによると,従来の特殊教育では,障害のある子どもたちを,盲学校,聾学校,養護学校の三種類の特殊教育諸学校という特別の場や通常学校の中の特殊学級といわれる特別の場にあつめて,そこに在籍する子どもたちの障害の程度等に応じて指導を行っていた。しかし,特別支援教育では,障害の程度等に応じて指導を行うのではなく,障害のある子

どもたちの一人ひとりの教育的ニーズに応じて適切な教育的支援を行うというものである。

　この定義では，一見従来いわれていた障害のある子どもたちの教育から，LD，ADHD，高機能自閉症といわれる子どもたちの教育にまで拡大して，彼らの教育的ニーズに応じた教育であると受け取ることができる。しかし，ここでいわれるところの教育は，従来の教育で考えられてきた授業観をかなり変更するものと考える必要がある。

　従来，特殊教育は，能力低下（Disability）としての障害の改善に焦点を当ててきた。特に，特殊教育諸学校において特別に設けられた領域である自立活動は，その前身である養護・訓練の創設における障害の捉え方において，そのことが次のように明確に示されていた。「養護・訓練の指導によって改善し，又は克服することが期待される『障害』とは，主としてディスアビリティの意味での『障害』であることが理解できる。」（文部省，1991年）

　しかし，1999年（平成11年）3月に出された新学習指導要領では，自立活動の目標は，「心身の障害の状態を改善し，又は克服する」から「自立を目指し，障害に基づく種々の困難を主体的に改善・克服する」に改められている（文部省，2000）。これは，ディスアビリティとしての障害よりも，ハンディキャップ（Handicap 社会的不利）としての障害を改善・克服する方向であるといえる。

　特別支援教育の定義における「生活や学習上の困難を改善又は克服するために」という記述は，ハンディキャップ（Handicap 社会的不利）としての障害を改善・克服する方向と考えられる。したがって，通常学級での特別支援教育においても，LD，ADHD，高機能自閉症といわれる子どもたちを教室に迎えいれたというだけではなく，第一に教師が学習上の困難を改善・克服する手だてを尽くすことが，彼らの教育的ニーズに応じた教育を行うことであることを理解すべきである。

これらのことから，教師の『特別支援教育に必要とされる授業力』とは，特殊教育諸学校や特殊学級で障害のある子どもたちを対象にした授業だけではなく，障害のある子どもが在籍する通常の学級での授業をつくり，展開する力をさしているのであり，障害に応じた対応ではなく，一人ひとりの教育的ニーズの視点から，学習上の困難を改善・克服することに十分な考慮をした授業を考えるという力である。

LD，ADHD，高機能自閉症の子どもたち

　特別支援教育では，通常の学級に在籍するLD，ADHD，高機能自閉症の子どもたちを対象にした教育であることがしばしば語られる。
　LDとは，Learning Disabilitiesの略語であり，学習障害といわれている。いわゆる学習する能力が十分に発揮されていない状態（上野一彦,1999）である。学習障害及びこれに類似する学習上の困難を有する児童生徒の指導方法に関する調査研究協力者会議（1999）は，次のように定義している。

　　学習障害とは，基本的には全般的な知的発達に遅れはないが，聞く，話す，読む，書く，計算する又は推論する能力のうち特定のものの習得と使用に著しい困難を示す様々な状態を指すものである。学習障害は，その原因として，中枢神経系に何らかの機能障害があると推定されるが，視覚障害，聴覚障害，知的障害，情緒障害などの障害や，環境的な要因が直接の原因となるものではない。

　この定義において，学習障害は，知的障害のように，全般的な知的発達の遅れを示すのではなく，特定の能力の習得と使用に著しい困難を示すものである。また，中枢神経系の機能障害が推定されているが，現時点で医学的に十分に解明されているわけではない。

ADHD（Attention Deficit／Hyperactivity Disorder　注意欠陥／多動性障害）については，文部科学省の調査に際して次の定義によって行われた（特別支援教育の在り方に関する調査研究協力者会議，2003）。

　ADHDとは，年齢あるいは発達に不釣合いな注意力，及び／又は衝動性，多動性を特徴とする行動の障害で，社会的な活動や学業の機能に支障をきたすものである。また，7歳以前に現れ，その状態が継続し，中枢神経系に何らかの要因による機能不全があると推定される。

この場合は，不注意及び衝動性，多動性が特徴であり，中枢神経系に機能不全が想定されている。
高機能自閉症も，同じ調査において，次の定義が行われている。

　高機能自閉症とは，3歳位までに現れ，①他人との社会的関係の形成の困難さ，②ことばの発達の遅れ，③興味や関心が狭く特定のものにこだわることを特徴とする行動の障害である自閉症のうち，知的発達の遅れを伴わないものをいう。また，中枢神経系に何らかの要因による機能不全があると推定される。

このような障害のある子どもたちを含む子ども集団を対象とした通常学級での授業を構成し，実践する力が教師に求められている。

「特別な教育的ニーズ」への対応
特別支援教育を通常の学級に在籍するLD，ADHD，高機能自閉症の子どもたちをも新たに対象にした教育であると考えるとしても，従来のような障害児教育に新たにLD，ADHD，高機能自閉症を対象に加え，障害に応じた教育を拡大して考えるのではないことを，先の最終報告で

は述べているのである。あくまでも，子どもたち一人ひとりの特別な教育的ニーズに応じる教育なのである。

　従来の障害児教育では，医学的視点からカテゴリー化された障害種別に応じて教育的対応が考えられてきた。しかし，医学的に分類された障害への対応が，一人ひとりの教育的ニーズへの対応と必ずしも一致するわけではない。イギリスでは，いち早くこのような視点からの教育が考えられてきた。1978年のウォーノック報告にこのような教育の考え方がみられる（緒方登士雄，1996）。わが国では，宮本茂雄（1983）が，医者や心理学者の視点からではなく，教師という視点，特に授業という視点からカーク（Kirk, S. A.）の1962年の著書から「教育的に特殊な子どもという場合は，通常の授業のやり方では思うような発達が出来ないために，特別な教育を必要とする子どものことをいうのである」という考えを引用しながら，regular school program について論及し，そこでの regular の考え方を再考している。

　そして，次のように述べている。

　　いったい，regular とは何か。同一年齢でも発達の程度や物の理解力は子どもによってさまざまであるのに，regular という唯一の教育内容をすべての子どもにいっせいに与え，同じように学習させ，同じ速度で身につけさせようとするところから，それでは合わない子どもが枠外にはじき出されてしまうわけである。もし仮に，regular がただ1つではなく，いくつかの種類が用意されていれば，枠外に出なくてすむ者がいるかもしれない。

　『今後の特別支援教育の在り方ついて（最終報告）』に示された「障害のある児童生徒の自立や社会参加に向けて，その一人一人の教育的ニーズを把握して」という点と重ね合わせて，この regular school programを再々考すれば，自立や社会参加へのプログラムは，障害の有無にかかわらず多種多様であるといえよう。また，最近の特別な教育的ニーズに関する論及では，真城知己（2003）が，「『特別な教育的ニーズ』論は，子どもを『障害児』といったカテゴリーに分類して特別な指導と結びつけるという発想ではなくその子どもにとって必要とされる，望ましい学習環境を整えるための考え方なのである」と指摘しており，自立や社会参加をめざした子ども一人ひとりの教育課程を考えたときに望ましい学習環境を整える中で，教師の授業力を考えておかなければならない。

かつて授業案において「指導上の留意点」として記載してきた事柄，すなわち子どもたちへの個別の配慮事項が，これからは，「中心活動として位置付き，授業では，それを前面に出した，一人ひとりの違いに対応した的確な指導」（小竹健一，2003）にならなければならないのである。

的確な指導のために

LD（学習障害）の子どもの指導について書かれた本を開けてみる。そこには，自己有能感を育てることの重要さが必ず挙げられている。たとえば，上野（1999）は，LDの子どもは自分が他の友達のようには，多くのことがうまくできないことを知っており，先生や友達からの評価の低さと同様に，自分での評価も低くなっていることを指摘した上で，そのことが学習意欲の低さや行動面での自律の気持ちの弱さにつながっているので，「LDの子どもを指導するにあたって，まずしなければならないことは自己有能感を育てることにあるといっても過言ではありません」と述べている。

ADHD（注意欠陥/多動性障害）の子どもの指導においては，この子どもたちの自己評価の未熟さとの関連を考え，「あらゆる状況で，教師

は子どもが自尊心を築き上げることを目指すべきである」として，嘲笑や批判は常に避けて，褒美を使うべきであると指摘されている(Selikowitz, M., 1995)。

　教育一般において自己有能感や自尊心を築き上げることは，重要である。知的障害の子どもたちの指導における「できる状況づくり」，自閉症の子どもたちの指導における「構造化」の考え方も，子どもたち自身が取り組むひとつひとつの課題を成功的にやり遂げていくことの重要さを意味している。そのことが，自己有能感や自尊心につながり，学習意欲につながるからである。LDやADHDの子どもたちの指導では，そのことがことさらに重要なのである。

　小学校4年生の男の子の例を挙げてみよう。

　その子は，「ひどく荒れていた。授業のときにも落ち着きがなく，いたずらばかりしていたし，遊びや作業のときなども，人のじゃまばかりしていた。ところがこの子どもが，水泳の練習のとき，先生の指導によって25メートルおよげるようになった。その子どもはすっかり喜び驚いて，その日から態度が一変した。いたずらをしなくなったばかりでなく，作業のときなども最後まで真剣にやるようになってしまった」。

　ここには，どのように水泳の指導が行われたのか，何が的確な指導であったのかは報告されていない。しかし，この子どもは，25メートルを泳げたことでその態度が変わったのである。25メートルを泳げたという事実を持ったことによって，この子どもは変わったのである。この事例は，かつて，斎藤喜博が，1968年（昭和43年）に教育雑誌に書いた「子どもを変革する授業」の中で挙げているものである。この子どもと障害との関係はまったく記述されていない。当時では，LDやADHDという視点からの子どもの捉え方は，なされていないので，そのようなことについて述べられているわけではない。この文章がのちに『私の授業観』（斎藤，1984）という本に掲載されていることからすると，この

事例は，斎藤の授業観を表しているものであるといえよう。
　子どもを変革する授業ということについて，次のように指摘している。

　　子どもを変革するということは，一つにはひとりひとりの子どものなかにある可能性を引き出してやり，その子どもに喜びとか自信とかを持たせてやることである。いままで「自分はだめだ」と思っていた子どもが，自分のなかに事実をつくり出すことによって，「やはり自分もだめではなかったのだ」と喜びを持ち，生き生きと努力するようにしてやることである。

　これは，どの子どもにもいえることとして指摘されている。そう理解すべきものであろう。それは，次のようにいいかえているところから推察できる。「子どもというものはそういうものである。自分のなかにある一つのものを引き出されることによって，喜びを持ち，自信を持ち，自分自身を規制し努力していくようになるのである。」
　特別支援教育の中での授業で，子どもたちが自己有能感や自尊心を持ち意欲を持って学習に取り組むように，子どもの中に事実をつくり出すことが重要である。そのような事実をつくり出す授業力，教育技術を，教師は持たなければならない。

教育技術としての授業力
　授業における技術は，いつ，どこで，だれがやっても，そのやり方であれば，一定の成果が得られ，他の人にも伝達可能であるようなやり方を意味している（太田正己，1997）。たとえば，向山洋一（1985）の「教育技術の法則化運動」や大西忠治（1987）の「だれも語らなかった基礎技術」の中ですでに取り上げられている教育技術を参考にして考えてみよう。

あるクラスで各自に教科書を黙読させる。クラスすべての子どもが黙読し終えたかを確かめるためには，全員立たせてから「読み終えたら座る」ことを指示すれば，座ったまま黙読するより，みんなが読み終えたかを確認しやすい。あるいは，一人の子どもに教科書を音読させるとき，できるだけ多くの子どもがその音読に関心を向けるようにするにはどのような教育技術が必要であろうか。教育実習の学生は，一番前に座っている子どもを指名し，その子の前に立った。その子どもは教科書を読み始めた。その子どものすぐ後ろの数人だけが聞いていたが，最後尾の列の子どもにいたっては，机の中から何かプリントを取り出して落書きを始めた。そのとき，教師は，指名した子どもの前に立つのではなく，その子どもとの間の空間にできるだけ多くの子どもたちを含みこむように，離れた位置にいくことが重要である。教師と音読の子どもの空間に含まれた子どもたちは，音読に耳を傾けることになる。これが教育技術である。
　いつ，どこで，だれがやっても一定の成果が上がる方法ではあっても，教育技術，授業技術は，対象の子どもに応じて，一人ひとりの教師が創り上げていくのが，基本である。
　特別支援教育においては，子どもへの声のかけ方からして工夫のいるところである。ADHDの子どもたちの対応について，セリコヴィッツ（Selikowitz, M., 1995）の指摘するところを参考にすると，たとえば，子どもの自尊心の改善にかかわって，子どもをほめる場合に，「よくできたね」とか「良い子ね」のような一般的な言い方はさけて，何について賞賛しているのかをはっきりさせてほめることである。つまり，「こんな難しい単語のスペルが良くできたわね」とか「その読み方は素敵ね」などというのである。
　また，自分自身や他人をほめることを教えることが重要である。たとえば，もし子どもが何かをしたら，「どうやってできたと思うの」と尋

ねたり,「パパのつくったサラダをあなたはどう思うの」と他人をほめることを教えることである。さらには,子どもと勉強するときには,元気づけて,批判的にならないことである。たとえば,次のようにいうのである。「いそいで」とか「その単語は前にみたでしょう」というような表現はしない。「本当に読むのがうまくなったわね」などというのである。

このように子どもたちへの働きかけにおいて的確な指導をするためには,ことばの吟味も必要である。働きかける場合だけではない。もちろん,子どもたちからの働きかけにどのように応じていくかも重要である。

授業の中の共感的応答

かつて,筆者(太田,1997)は,授業の中の子どもの発言に教師が共感的に応答していくことが子どものイメージを喚起し豊かにするために重要であることを述べた。その例として,小学校障害児学級の国語,絵本教材「モチモチの木」の実践をみてきた。

小学校の通常学級での実践にも,授業改善がなされ教師の共感的な受け止めがなされるようになった例が報告されている(石井順治,1999)。次にその一部を引用させていただこう。

教師:かさこや手拭い,すぐかぶせたの? その前にしたことは?
C1:地蔵様の体とかについている雪を早くとらないと氷になるから,早くかき落とした。
教師:ようく考えてくれたね。
C2:濡れて冷たい地蔵様の肩やらせなやらをなでました。
教師:なでたね。

教師の最初の発問へのC1,C2の発言を受けての教師の応答が,共

1 特別支援教育に必要とされる授業力とは

感的な受け止めになっている。このような授業記録が続くのであるが，石井（1999）は，子どもたちの発言の合間合間の教師の発言が，「それらのほとんどが子どもたちの出してきた考えを共感的に受け止めるものになっている」，また，「それまでの彼女の努力が見事に結実した，ふくよかで温かい授業であった」と評価している。では，この教師の授業が最初からこうであったのであろうか。そうではないだろう。授業研究と日ごろの研鑽の成果である。この「かさこ地ぞう」の授業記録とあわせて，この研究授業の4カ月前の「スイミー」の授業記録が挙げられている。そのときの応答は，まだ共感的な受け止めにはいたっていない。「教師の思惑が前面に出たやや乱暴な感じがする」と指摘されている。その一部は，次のものである。

　教師：今度は何を見つけた？
　C1：小さな魚のきょうだいたち。
　C2：スイミーのきょうだいたち。
　C3：C1さんに付け足しなんだけど，スイミーのとそっくりの魚の
　　　きょうだいたち。
　教師：（板書して）スイミーのきょうだいじゃないの。

このようなやりとりが続いていく授業である。
　なぜ，教師の受け止め方，応答が問題になるのだろうか。それは，もちろん子どもの発言をどのように教師が受け止めるかで，子どもの活動が違ってくるからである。先の引用は，ごく部分的なので，わかりにくいかもしれない。石井は，両者の違いを述べている。スイミーの授業では「子どもの言葉が，教科書の文章のおうむ返しや単なる言葉の言い換え的なかたいものであった」が，かさこ地ぞうの授業では「子どもたちは互いの考えをよく聞いていてその考えを見事につなげていっている。

それ以上によいのは、その場のじいさまの様子を具体的に子どもなりの想像をしていることだ」。すなわち、教師の対応の仕方で子どもの学習活動が違ってくるということである。

教材・教具の再考

何事においても、時間的な経過とともに変わる部分と変わらない部分を持つ。授業力においても同じである。時代の変化とともに変えていかなければならないところとそうでないところがある。

筆者（太田、2003）は、授業を「教材による指導」と考え、授業づくりについて、次のように述べた。

「教材による指導」としての授業では、教師から直接的、一方的に行動の形成や変容がおこなわれるような訓練や治療と異なり、教師は子ども自身が教材の意味や価値を価値的に構成することを通して、主体的に学習する可能性が高い活動を構成できる。このような授業での学習の積み重ねによって、子どもは自ら世界を価値的、能動的に構成していくことになる。

この考え方は、授業における教師と子どもと教材との相互の働きかけ合いの重要性をいっている。障害のある子どもたちへの教材の提示に際しては、教具が重要な役割を果たすことになる。「教材は教育目的を達成するための文化的素材の資料的側面を意味するが、これに対して教具はその道具的側面を意味している」（太田、1997）。実際には、教材と教具を明確には分けることが難しい点もあり、教材・教具として考えられてきている。

特別支援教育における教育の捉え方が、支援という学習上の困難を改善・克服する手だてを尽くすことに視点を置くときには、教材・教具の

捉え方の再検討も必要である。たとえば，子どもが「プラスの結果（できる，分かる，動ける）を自らの力で手にいれることができるもの，いつでも，どこでも，だれとでも活用できるもの，相互に認め合う機会を提供できるもの，支援者や本人が使うことで，本人の支援環境を整えることができるもの」としての子どもの行動支援のために使われる支援ツールを，授業の中で使った授業実践がある（富山大学教育学部附属養護学校，2004）。このような授業では，まず授業の中で子どもたちが自らの行動を自らできるような支援の道具としての支援ツールが使用されている。これも，教材・教具の視野に入れて考えることが重要である。

　また，小出進（1983）は，「『できる力』をつけて『できる子ども』にしようとするのではなく，子どもを『できる状況』において，『できる子ども』にするのである」と主張している。そのために，生活単元学習を中心にして，「できる状況づくり」が考えられ，授業づくりがなされてきている。このような「できる状況づくり」も，ディスアビリティとしての障害よりも，ハンディキャップ（Handicap 社会的不利）としての障害を改善・克服する方向であるといえる。できる状況は，「障害に基づく種々の困難を主体的に改善・克服する」ための手だてであり，あらたな教材・教具の捉え方をせまる考え方である。

おわりに

　ここまで，特別支援教育に必要とされる授業力という視点から論考を進めてきた。もちろん，この章で述べたことは，基本的なことである。以下の章で，このような授業力をどのようにして高めていけばよいか，論じていきたい。

2 通常学級ではじめて障害児とかかわる教師のあり方

教師自らが意識改革を

　学校教育法施行令（第22の3）の改訂に伴う就学基準の緩和（2002年（平成14年）9月1日施行）によって，従来では養護学校に就学することになっていた子どもたちが通常の学校に就学する機会が拡大された。このことも含めて，学習障害（LD），注意欠陥/多動性障害（ADHD），高機能自閉症などの子どもたちへの取り組みも含めて，通常の学校における「特別な教育的ニーズ」を有する子どもたちへの対応が急務になった。

　このことは，従来のように特殊学級および特殊教育諸学校の教師が対応するということにとどまらず，通常学級の担任教師も「特別な教育的ニーズ」を有する子どもたちへの対応を行う可能性が高くなったということである。その場合には，「特別な教育的ニーズ」を有する子どもたちを担当する通常学級の担任教師は，自ら意識を改革して実践を進めることが重要である。

　吉利宗久（2003）は，インクルージョン（可能な限り通常の教育環境ですべての子どもに適切な対応を求める思想と実践―筆者注）をめぐる最近の論点が実践的方法論へと向かう中で，障害児をとりまく教員の意識・態度の重要性を挙げ，特殊教育を学ぶ直接的な機会を通して積極的

な態度の変化を示すことが明らかにされてきていると指摘している。そして，インクルージョンを成功させるための根本的な課題であり，出発点として，障害児と実際に交わり，障害特性やニーズに関する適切な情報を，障害児をとりまく人々が共有することの必要性をあらためて確認している。しかし，教師が，自らの意識改革を教育現場で実際にどのように行っていくかに関して，わが国の実践の中で明らかになっているわけではない。

そこで，ここでは，わが国で交流教育に関して行われてきた取り組みを参考に，「特別な教育的ニーズ」を有する子どもたちの教育に対する通常の学級の担任教師の意識改革の方法について検討する。

交流教育における指導者の意識の問題

文部省は，1999年（平成11年）に幼稚園の教育要領や小学校，中学校，高等学校の学習指導要領に障害のある子どもたちと交流することをはじめて明確に位置づけた。たとえば，『小学校学習指導要領』「総則」において，「盲学校，聾学校，及び養護学校などとの間の連携や交流を図る」こと，また「障害のある幼児児童生徒や高齢者などとの交流の機会を設ける」ことが記載されている（文部省，1999）。このことによって，それまでの交流教育が特殊教育諸学校の側からの一方的な要望になっていた状況から幼稚園，小学校，中学校，および高等学校の側からの働きかけとしても行われることにもなり，ここにきて双方向からの交流教育が行われることになる。「交流の実施に当たっては，双方の学校同士が十分に連絡を取り合い」，計画を立てて，児童生徒一人ひとりの実態に応じた交流を組織的，継続的に行うことが，『盲学校，聾学校及び養護学校学習指導要領（平成11年3月）解説―総則等編』において記述されている（文部省，2000）。

しかし，双方向からの要望による交流教育が行われるようになっても，

その交流を計画し，実施する教師に相手の学校教育や児童生徒への理解や認識がなされていなければ，実りのある交流にすることは難しい。交流教育の推進における教師の理解と認識の問題は，交流教育を進める指導者の意識の問題である。そのような問題の指摘は，戦後の早い時期にも見出すことができる。たとえば，近藤益雄（1975）は，1950年に小学校長を辞めて自ら希望して担任した特別学級「みどり組」の子どもたちについて，学級の中で「好き勝手なことをいって笑える」幸福から「ひろくほかの教室の子たちと交流することへの幸福へと，みちびいてやらねばならぬ」と記している。そして，子どもたちを「もっとうまくもっとふかくふれあわせるために」，近藤自身が「そのかすがいになることだと考え」「学校全体の子どもたちからも，一ばん愛され信じられる教師でなくてはならない」と考えていた。「それは，不可能に近いが，そのためには，大きな努力をしなくてはならない」とも記している。この記述から，30年ほどのちに，宮本茂雄（1981）は，「特殊学級の良否は，学校の経営・管理に当たる校長等の管理職の認識に大きく影響される」「ひどい場合は，特殊教育のことはわからないとか，やっかいなお荷物のように思ったりして」いることを指摘している。

　比較的最近の全国的な調査（田村真一，1999）においても指導者の意識について問題点が指摘されている。さらには，21世紀の特殊教育の在り方に関する調査研究協力者会議が2001年（平成13年）1月に最終報告として出した『21世紀の特殊教育の在り方について―一人一人のニーズに応じた特別な支援の在り方について―』においても，教師の専門性の向上にかかわって研修の充実に関することが述べられているが，その中で，交流教育の推進について，校長や教頭などの管理職，またすべての教員の理解と認識を深める必要性が指摘されている（調査研究協力者会議，2001）。

　これらの指摘は，指導者の意識のあり様が交流教育を進める上できわ

めて重要であること，そして，指導者の理解や認識に関して積極的な取り組みを進めないと，指導者の意識の変革は，かなり難しいことを物語っている。

そこで，交流教育にかかわって，障害や障害のある子どもたち，特殊教育諸学校の教育について，交流相手校の教師の理解や認識を深めること，交流教育に関する意識改革の実際的な取り組みについて検討するために，まず学習指導要領における交流教育に関して検討する。

学習指導要領にみる交流教育の歴史的経緯——教師の意識化の視点

知的障害児教育にかかわる学習指導要領が出されたのは，昭和 37 年度版が最初である（文部省，1963）。これは，『養護学校小学部・中学部学習指導要領精神薄弱教育編』である。この中では，特別教育活動についての指導計画作成および指導上の留意事項の中に「地域社会との関係において，校外における奉仕活動が行われる場合も考えられるが，それらの際には，学校行事等との関連に留意するとともに，その教育的価値と限界について配慮する必要がある」と記述されている。学校行事等についても同様の記載がある（p. 107, 109）。これらは，交流教育が意識されているわけではない。

交流教育に関する記述は，これに続く，昭和 45 年度版『特殊教育諸学校小学部・中学部学習指導要領』（文部省，1971）ではじめて登場する。それは，特別活動の指導計画の作成と内容の取り扱いの記述の中にある「学校行事などを通して，できるだけ地域の小学校および中学校との交流の機会を設けるようにすることが望ましい」（p. 118）というものである。この学習指導要領の解説（文部省，1974）には，「地域の学校と交流するには，学校行事などを利用するのがよい。案内状を出して招待し合うことによって相互の理解が深められる」としている。昭和 45 年度版の学習指導要領が出される前の 1969 年（昭和 44 年）には，

特殊教育総合研究調査協力者会議（1969）が，『特殊教育の基本的な施策のあり方について』を文部省に報告している。

　そこでは，アメリカのインテグレーションの影響から「普通児とともに教育を受ける機会を多くすること」が述べられ，「普通学校に在学し，特定の時間，特別の指導を行なうことによって，普通児とともに学習することが可能な心身障害児については，……必要な施設設備を普通学校に整備し，専門の教員の配置を図るなどの措置を講ずること」や「専門の教員が一定地域内の学校を巡回して特別の指導を行なうようにすること」を挙げている。これらは，通級による指導や巡回教師による指導である。交流教育と関連して重要な記述は，「特殊教育諸学校または特殊学級に在学し，特定の時間普通児とともに学習することが可能な心身障害児については，その障害の種類・程度等により，可能な範囲で普通学校または普通学級において指導できるようにするため，関係の学校または学級相互の間の提携協力を図るなど必要な措置をとること」である。通級による指導や巡回教師による指導が実現されたのは，1993年になってからであるが，交流教育にかかわる記述は，先の昭和45年版の学習指導要領にすでにみることができる。

　しかし，養護学校と小学校，中学校等との交流による指導が組織的に実施されるようになるのは昭和54年度からである。それは，文部省が心身障害児理解推進校を指定して，交流教育のあり方に関する具体的な事業が始まったときからであるといわれている（黒沢一幸，1999）。この年度の7月に学習指導要領の改訂が行われている。昭和54年度版といわれる『盲学校，聾学校及び養護学校小学部・中学部学習指導要領』である（文省，1979）。ここでは，「総則」の教育課程一般において，「児童又は生徒の経験を広め，社会性を養い，好ましい人間関係を育てるため，学校の教育活動全体を通じて，小学校の児童又は中学校の生徒及び地域社会の人々と活動を共にする機会を積極的に設けるようにする

こと」と示されている。ここでは，昭和45年版の記述と違い，経験を広めること，社会性を養うこと，人間関係を育てることを交流教育の目的にあたるものとして明示していることである。指定された心身障害児理解推進校の実践によって交流教育が組織的に行われるようになっていくが，小学校や中学校の学習指導要領に記述がない交流は，特殊教育諸学校からの一方的な要望で終わることも多かった。

　特殊教育諸学校と小学校等との双方向からの交流のきざしがみえてきたのは，1989年（平成元年）からである。それは，たとえば『小学校学習指導要領』「総則」（文部省，1989）に「学校相互の連携や交流をはかることに努めること」にみられるが，実際は，たとえば，平成10年12月に告示された『小学校学習指導要領』「総則」（文部省，1998）の指導計画の作成等に当たって配慮すべき事項に学校間の連携や交流を図るとともに，「障害のある幼児児童生徒や高齢者などとの交流の機会を設けること」というように明記され，さらには特別活動における指導計画の作成と内容の取り扱いに「障害のある人々などとの触れ合い」が具体的に明記されたことによる。これは，1998年（平成10年）7月の教育課程審議会の答申において，「幼稚園，小学校，中学校及び高等学校の学習指導要領等に明確に位置づける」ことが明記された（教育課程審議会，1999）ことを受けてのことである。

　このように，特殊教育諸学校と小学校等の双方の学習指導要領において，交流が明記されることによって，一方的ではなく双方向からの要望のもとに交流が行われることになる。

　このことは，小学校等の通常の教育を担当してきた教師の意識の変化を促す契機となる。しかし，学習指導要領に明記され，交流が行われたとしても，交流を計画，実践する教師の意識改革を促す取り組みがなければ，意識の変革は起こっていかない。次に，いくつかの教育現場での取り組みをみてみよう。

教育現場での取り組みから

　交流を計画，実施する双方の学校の教師が共通理解を持ち，児童生徒の間での交流が計画的，継続的に実施されるためには，教職員間での交流が重要であることが以前から教育現場では指摘されている（角田禮三，1993；冨田富美子，1993；清水敬，2000；栗原一博，2000）。すなわち，交流教育において，それが実りのあるものになるか否かは，交流にかかわる双方の教師の間で必要な情報が共有されているかということにかかっている。教師の意識の改革も交流相手に関する情報，特に通常の教育の担当者において，障害や障害のある子ども，あるいは障害児教育についての情報を得るところから始まる。

　2001年（平成13年）に行われたK市での調査において，校内での特殊学級との交流において，通常学級の教師との間の「情報交換や意思疎通など連絡方法をどのようにとっているか」を特殊学級担任に調査したところ，「必要に応じてとっている（71%）」「定期的にとっている（23%）」「その他（6%）」であった。また，連絡方法は，「学年の話し合いに特殊学級担任が参加する（20%）」「休み時間，放課後の担任同士の打ち合わせ（11%）」「職員朝礼終了後の担任同士の打ち合わせ（11%）」などであった（二俣美紀，2002）。これは，10年前のS県での調査（溝口脩，1990）での「必要に応じてとる（90%）」よりは，小さい割合になっているが，まだ多くの場合には必要なときだけ情報交換が行われているということになっており，定期的に行われていないので，教員の間で明確に意識付けがなされていないことになる。

　一学校内の特殊学級と通常学級の間では，必要に応じて情報を交換することはかなり容易である。しかし，たとえば，学校間交流におけるように，養護学校と小学校との情報交換は，必要に応じて学年の話し合いに参加したり，朝礼後や放課後，休み時間にそのつど行ったりすることだけでは不可能である。

学校間交流の継続的，発展的な交流のためには，交流連絡会や担当職員連絡会などの交流相手校との推進組織（ここでは，交流委員会）を編成し，定期的に情報交換を行うことが重要となる（角田，1993；岐阜県立飛騨養護学校中学部，1999；栗原，2000）。教師の意識改革という点では，このような推進組織を編成する上で重要なことは，その組織の校内における位置づけである。

　交流委員会が，各校の校長，教頭，交流担当教師などによって構成される場合（栗原，2000）には，各校内での重要な委員会とみなされることになるので，それぞれの教員の意識改革にも大きな役割を果たすものである。

　学校間交流における双方の教師の子どもの実態や障害の理解・認識などにかかわる意識改革は，必要なときだけの教師間の話し合いによる情報の交換ではなく，定期的に，もっと体験的な方法を含めて行う必要がある。それには，次の取り組みが参考になる。

(1) **相互の授業参観**

　養護学校の教師は，教師自身が小学校，中学校で教育を受け，教員免許状取得においても基礎免許状の取得のために小学校や中学校で教育実習を経験している。そのために，養護学校の教員は小学校や中学校の様子を十分にイメージすることができる。一方，小学校や中学校の教員にとって，交流の相手校である養護学校の児童生徒の障害や実態，あるいは，授業の様子は話し合いでの情報提供では，十分に理解することができない。まして，保護者の理解を得て，交流を行うためには，障害や障害のある子どもたちへの保護者の理解を得ることも重要である。

　そこで，東京のＳ養護学校とその交流協力校2校との間で行われた「教職員や保護者が，互いに交流相手の学校の授業を参観」し合うという取り組み（冬木邦二，1999）は参考になる。このことによって，両校の保護者の話し合いの席において，「障害について，今まではわるいと

思って，詳しく聞くことができなかった」が，本音で話ができるようになってきていること，また交流の広がりと深まりがみられるようになってきたことが報告されている。

(2) 養護学校教師体験

しかし，小学校や中学校の教師が，子どもたちの障害や養護学校の教育について理解や認識を深め，意識改革を進めるためには，養護学校の授業を参観することにとどまらず，養護学校の教師を体験することが必要である。

ある小学校では，「障害の理解・養護学校の理解や一人一人の児童にあった教育実践を目指し，校務に影響が出ないよう，1日に1人の割合で，教員を養護学校へ研修に行かせる」ということを行っている。これと同時に子どもたち同士の交流教育にも力を入れることによって，「障害の理解や誰にでも暖かい気持ちをもって接する子どもが多くなるなどの成果を上げる」ことができたという報告がある（浅場清，2002）。

一方，養護学校の側からも同様の取り組みについて報告されている。群馬県のO養護学校では，交流の相手校の中学校教員が養護学校にきて一日教師体験をする取り組みを続けている（栗原，2000）。これは，交流がスタートした最初の年から始まり，例年5月に4，5名の中学校教師が養護学校のクラスに入り教師として教育活動に携わることを続けているというものである。「障害のある子どもたちとじかに触れ合い，養護学校の教育課程の中で実際に授業をするという体験が，両校の交流活動の内容や質を大きく左右しているということを実感している」と報告されている。

筆者は，この養護学校での一日教師体験に関して，2003年（平成15年）3月にO養護学校での聞き取り調査を行った。調査は，校長，教頭及び交流相手中学校からO養護学校へ転勤してきた教師1名に対して，筆者が対面して行った。

その結果，一日教師体験は，平成 5・6 年度の K 中学校の文部省「心身障害児理解推進校」の指定を受けて以来，11 年間継続されている。最初の年度は，K 中学校の教師全員が数グループに分かれて体験し，2 年目からはその年度の新たに K 中学校へ赴任した教師のみが体験するという形をとっている。体験の時期は，5 月に固定されているわけではなく，K 中学校の 1 学期の中間テストまたは期末テストの期間に行われている。これは，テスト期間中は，テスト監督以外の教師は体験に出る時間を確保できやすいためである。体験に出る教師は出張扱いであり，O 養護学校から派遣申請が出されている。

　一日教師体験は，8 時 30 分の職員打ち合わせから始まり，給食参観までの午前中の時間帯である。体験の内容は，登校する子どもたちの出迎えから授業での活動，給食参観であり，教師の配属割り振りは，養護学校の方で行いクラスに 1 名の割合である。授業での具体的な活動は，参観，介助などチーム・ティーチングでのサブ指導者の立場での授業への参加である。一日教師体験についての O 養護学校と K 中学校での事前及び事後の打ち合わせは，必要に応じて交流連絡会という交流教育のための打ち合わせの会の中で行われる。

　このような一日教師体験が平成 5・6 年度の K 中学校の文部省「心身障害児理解推進校」の指定が終了してからも継続されていることから，K 中学校でも O 養護学校でもその有効性が認められているという返答があった。具体的には，K 中学校の教師にとっては，交流活動の場ではじめて障害のある子どもたちに接する場合は，とまどいがあるけれども，一日教師体験を行っていることでそのようなことがなくなると，K 中学校から O 養護学校へ転勤してきた教師が語っている。O 養護学校の管理職の目には，K 中学校との交流活動は年々その質が向上しているということ，また K 中学校の教師のかかわりがきめ細かく個別の対応ができているようにみえている。さらには，K 中学校との交流活動

についてO養護学校の教員から不満が出されていないという指摘もあった。

養護学校での中学校教師の一日教師体験については，O養護学校教師は特別に意識することはないということであった。それは，養護学校では小中学校の教員免許状取得を目指す学生の行う介護等体験や養護学校教員免許状取得のための教育実習等，多くの実習を受け入れているので，そのような実習のひとつとして，養護学校の教師は考えているということであった。

多くの仕事を抱えるそれぞれの学校が交流相手校に出向いての一日の体験的研修を実施し継続していくためには，校務に影響のないようにそれぞれの学校の実情に合わせてその実施方法や研修システムをつくることが重要である。しかし，このような体験的な研修は，ここに挙げた報告からすると，交流教育に関する教師の意識改革という点で大きな成果をあげるものといえる（早野眞美，2004）。

通常学級ではじめて障害児とかかわる教師へ

通常の学校での「特別な教育的ニーズ」を有する子どもたちの教育（特別支援教育）が成果をあげていくためには，それにかかわる教師が自らの意識を改革していくことが重要である。そのための具体的な方法をこれまで行われてきた交流教育の現場での実践の中に探った。その結果，教師が自らの意識を改革していくための方法として，次の3つを実践することがまず可能である。

第一に，交流教育を行う場合に学校の組織として設置される交流委員会が重要なものであるという，明確な位置づけを行うこと。具体的には，校長，教頭などを委員会のメンバーとすることであり，その中で活動することである。

第二に，通常学級の教師は，まず養護学校の授業参観を行うことであ

る。
　そして，できれば，第三には，一日養護学校体験をすることである。
　これらのことによって，「特別な教育的ニーズ」を有する子どもたちへの教育を，はじめて担当する教師も，新たな見方で子どもたちにかかわることができ，よりよい実践をつくっていくことができる可能性が高まる。

3　授業力を高めるための手だて

　教師は自らの授業力を高めるために何をすればよいのだろうか。
　最初に，ある県の盲学校，聾学校，養護学校の教育研究会での講演の一部を若干修正し再録して，授業力を高める方法への導きとしたい。（講演の記録であるので，「です，ます」調のままである。）

大切なこと
　教師の授業力を向上させるために大切なことは何か。結論だけいえば，「みんなで授業研究をしましょう」というのがひとつの結論です。
　授業研究は昔からあります。120年ぐらい前，明治15, 6年には，今でいう授業研究の方法について書いてある本が出ています。見方によっては，そのやりかたは120年経ってもあまり変わっていないのです。先生方は，わかっておられるように，授業研究なんてどこでもやっています。でも，なかなかうまくいかないということが多々あります。だから，「みんなで授業研究をしましょう」といっても，その中身を少し考えないといけないということになります。

授業者の意図
　もうひとつは，結論的にいうと，授業研究の基本となるのは，授業は，

「教師がこういうふうにしたい，こうしよう」という授業意図を持って授業をするわけですから，意図を持って子どもに働きかける，働きかけた結果がどうであったか教師自身が確認する，それが一番大事なことで，そこから全部積みあがっていくということです。

最初は，いろいろと教師が働きかけをするのです。それを子どもが，そういう働きかけにどう応じているかということを確認していくところから積みあがっていく。ああ，このかかわり方が，ちょっと子どもにとってはうまくできなかったな，こう変えてみよう，こう変えたときに，この前よりはここが良かったのではないか，ということの積み重ねだと思うのです。そういうことをどう確認しながらどうやっていくかということだろうと思います。

100回以上の授業研究会

それで「授業研究をしましょう」と。ちょうどこれは2000年12月に『学校を創る』（小学館）という本が出ました。これは神奈川県の茅ヶ崎市にある浜之郷小学校というところの，まだその学校ができてから3年ほどで，誕生とその実践ということで出たのです。その本の中に書いてあるのは，年に100回以上授業を研究するということです。学校運営の中心に教師の同僚性ということを置きながら，お互いに学び合う校内研修ということを学校運営の中心に置きましょうということが書いてあるのです。同僚性というのは，同じ学校に勤めている先生が自分たちの専門性を高めようとする仲間の関係性です。「授業研究をしましょう」といっても，「うちの学校では無理です」という返事が先生たちから返ってくる場合は，同僚性は高いとはいえません。

ずいぶん前のことですが，ある先生が私の授業研究についての講演を聴いた後にいわれました。「授業研究のやり方についての話はよくわかりました。よくわかりましたけど，うちの学校では無理です。他の先生

の授業について本音はいえません」と。要するに，「他の人の授業をみていろいろいう，そんなことは難しい」と。最初からそのような発言になると，私もお手上げ状態になって，「それは先生の学校の問題ですから」というふうにならざるを得ないのです。けれども，今年，私が直接に何度も授業研究会に参加させていただいた養護学校では，おそらく，そういう同僚性，自分たちで授業研究をして専門性を高め合うという，そういう先生方の関係性というものは高まりつつあるのではないかと，この1年間の参加の中で，私は思っています。

　私は，月に1回，夕方にこの市に来て，で，次の日，1日授業をみて研究会参加の後にすぐ帰りますけれども，私がこの養護学校で参加をさせてもらっている中では，そういう同僚性を高めつつ，授業研究が展開されてきていたというふうに思っています。

普段の授業に学ぶ

　先ほどは浜之郷小学校の話でしたけれども，そこはそういう授業研究です。とても大事なことだなと思っていたら，2001年4月に，これはNHKテレビでしたが，静岡県の富士市立広見小学校の様子を放映していました。やっぱり授業研究を中心にしてやっていくのだということで，もうどの先生も，やっぱり，授業研究をするということで年に100回ぐらいするというようなことをいっておられました。浜之郷小学校では，子どもの学びの事実から先生たちが学ぶといっておられましたけれども，広見小学校では普段の授業から学び合うということでした。

　授業研究というと，今日は授業を公開をするからということで，普段の授業ではない形になってしまうことが多いのですけれども，100回以上もしようと思ったら，いちいち普段の授業でないやり方でやっていては，なかなかできないということがあるだろうと思います。そういう意味で，普段の授業から学ぶことは大事だなと思ってみていました。

養護学校では

　神奈川県にある国立特殊教育総合研究所に福井県の養護学校から研修に来られていた先生がおられて，ちょうど私がそこで授業研究の話をするということでお会いしました。その先生は，ずっと小学校で教えていて，小学校のときはその先生が中心になって授業研究を盛んにやっていたそうです。やっぱり，養護学校でも授業研究は大事だと思って「やりましょう」と周りの先生たちに声をかけてやろうとしたけれども，なかなか思うようにできない。そのときに，研究所に研修に来る機会ができ，私の話をいろいろ聞いて，「では，自分の養護学校ではどうしたらいいでしょうか」とか，そんな相談を受けたのです。「ああ，このような熱心な先生のおられる養護学校でも授業研究は難しいのかなあ」と思って，いろいろと話をしました。

　私自身は，1975年（昭和50年）から養護学校に勤め，その後十数年の教育現場での経験の中で，校内研修，公開研究，教育実習等，いろいろ授業研究をやってきました。それで，大学に勤めた後，1990年から，滋賀県にある知肢併置の県立養護学校の小学部に，もう15年になりますが，年に6回ぐらい，少なくても年に3回程度は実施するという形の授業研究に参加してきました。

　私自身の授業研究会に対する考え方は，「普段着の授業研究」ということばを使って表しています。年に1回の公開研究会，これも大事です。そのためにいろいろ考えて，それで先生方がつけられる力というものも多くあると思います。しかし，普段やっている授業を公開して，それについて学び合うということも大事なことだろうと，「普段着の授業研究」ということで，日々の授業研究をやるということをずっといっているのです。そんな考え方で，私は授業研究にかかわっているということになります。

教師の専門性

　私自身の考えは，教師の専門性の中核というか中心には，やっぱり授業をする，授業をつくる，あるいは授業を改善する力とか，そういう授業をつくっていく力というのがないといけないと思うし，あってほしいというふうに思っています。

　たとえば，小学校の先生が障害理解を深めるために1日体験で養護学校へ来られて，障害のある子どもたちとふれ合うということがあります。その小学校の先生がそのとき体験したらすぐにできそうな授業を養護学校の先生がしていたのでは，もちろんいけないと思うのです。小学校の先生にすぐには真似できないような授業をするためには，養護学校の先生たちは専門性の高い授業をする力量をつけているということが大事です。そういう授業力をつけるために，最初のときにいった授業研究という方法が，北海道であろうと，東京であろうと，京都であろうと，沖縄であろうと必ず行われているわけです。

　昔から，学校教育が始まって以来，教師の力量をつける中心的な方法は，私は授業研究だったのだなというふうに思うわけです。これまでの授業研究というのは，研究授業をする人は授業案を書いて授業を公開して，あとは反省会とか研究会とかいうのがあります。そういうやり方が一般的だと思うし，授業を参観する側からいえば，授業案を読み，それに基づいて授業参観をすること，反省会に出るというふうなことです。これは，100年以上もやってきたけれども，なかなかそれが有効だとは思えないのです。それが，多くの先生たちが授業研究会に参加して感じてきたところだと思います。有効だと思えるような授業研究をしている学校もあるだろうと思いますが，「いや，そんなのは時間の無駄だよ」とか，「子どもの笑顔がよかったですね」とか，「先生の笑顔がよかったですね」とか，「子どもが生き生きしていました」とか，そんな発言の後に「ご苦労さんでした」とかいって終わっている授業研究では，時間

の無駄じゃないかなといった，そんな見方，意見が多いわけです。

一教師の感動から

　最初に浜之郷小学校が年に100回以上授業研究をしていると，いいましたけれども，特に校長先生が音頭をとってそういうふうに進んでいったのには理由があります。それは，浜之郷小学校の初代校長になった大瀬敏昭先生が，指導主事のとき（10年さかのぼった1991年）に，NHKテレビで青森県の三本木小学校の様子を放映していたのをみたからです。

　三本木小学校の当時の校長が，伊藤功一先生です。退職する前の1年間，1991年という最後の1年間を学校の中にテレビカメラを入れて自由に撮ってください，職員会議も授業の風景も，いろいろと自由に撮ってくださいということでNHKテレビが撮った番組です。その中心にあったのは，やはり授業研究なのです。そこの先生たちが授業研究をしている，その場面です。その番組をたまたまみたのが浜之郷小学校の校長先生になる大瀬先生だったのです。

　大瀬先生は，この番組をみてものすごく驚いたというか，感動したという。他の視聴者からも次の日に，NHKにすごく電話があって反響があったそうです。それは，先生たちが非常に一生懸命に授業研究に取り組み，自分たちの力量を高めようとしているという場面で感動したというふうなことでした。感動した1人の先生が浜之郷小学校の校長になって，ぜひそういう形でやりたいと思われたのです。やっぱり，学校の中心あるいは教師の力量の中心には授業があり，授業研究を通して自分自身の力量を高めていくことだというふうに，学んだということなのです。

授業の見方

　先生たちには，授業研究あるいは授業参観に出ていかれる機会というのが，年間何回かあると思います。自分の学校の校内の研究会という場

合もあるでしょうし，公開授業で，どこそこの公開研究会をみにいく，たとえば，研究指定校の発表会に行くという機会とか，それから，そんなに授業研究会といわなくても，隣の教室等々，いろいろな教室を回っていくということがあるかもしれません。いろいろな機会に授業を参観することがあると思います。しかし，授業は物ではありませんから，たとえば，ここにコップがありますけれども，コップという物をみるのとは違いますから，見方によってぜんぜん違う。もちろん，コップも見方によっては違う，厳密にいえば違いますけれども，だいたいここのコップの形というのは同じようにみえる。でも授業はそういうわけにはいかない。授業はどこをみるか，どこをみようとしているかということによって，みえてくることがぜんぜん違う。

そこで，授業をみて，反省会に出てという従来の授業研究のプロセスを，もう1回見直していって，どういうふうに授業研究をしたら，その120年を超える期間ずっとやってきたのに，あまり実りがないなあというふうな研究会が変えられるのかということが，ここでの問題なのです。

授業は物ではないので，見方によってぜんぜん違うといいましたけれども，授業案を読んで授業をみるとそうでないのとでは，その見方がかなり違うのです。

授業案を読んで

授業研究会で，まず授業案のついていない授業研究というのはほとんどないと思います。隣の教室をちょっとみせて，というときには別ですけれども，校内での研究会にしても，その地域の研究会あるいは県の研究会で，学習指導案，ここでは授業案といいますけれども，授業案がついていないというふうな研究会というのはないと思うのです。授業を参観する前に，先生方はどのぐらい授業案を読まれるでしょうか。場合によっては読む時間がないということがあるかもしれません。研究会の場

合でいうと，半時間ぐらい前に受付をすませて，すぐに授業が始まる。教室の周りをみているうちに，その教室にいき着いた。すぐに授業ということになってしまうので，なかなか授業案が読めないといった具合ですね。

　ある養護学校での授業研究会の場合は，あらかじめ私の大学へ授業案を送ってもらっているのです。パソコンのメールや，ときにはファックスであらかじめ送っていただいて，研究室で読んで，場合によったら養護学校へ向かう電車の中で読む場合もあるのですけれども，授業案を読んで授業研究会にいきます。それが，授業研究にいくときの，第一の私の仕事です。重要なことは，授業案を読んでから授業研究会に臨むということなのです。多くの場合は読む時間がないということがあると思います。

授業案の情報

　授業案というのは，授業をみるための情報がいっぱい詰まっています。それを読んで授業を参観するのと，読まずに参観するのでは，ぜんぜんみえてくるものが違います。私が提案する，授業研究のためのロマン（ROMAN）・プロセス・アプローチ法の一番目のRはReading，読み取り。授業案からの読み取りというRです。何を読んだらいいのか。参観者の多くは，「そんなの，時間がないから読めない」といいます。しかし，5分10分あれば，まず，単元設定の理由が読めます。単元や題材の設定の理由の欄には，なぜこの授業をやるのか，しようとしているのかということが必ず書いてあるのです。単元設定の理由，そこを読むだけでも，授業者の意図は何かとか，授業者は子どもの実態をどういうふうにみているかがわかります。そういうふうなことはそこに書いてあるのです。それを読み取ることが大事だと思います。

　それから，そこでの教材で何をやろうかな，何ができるかなというこ

とも単元設定の理由に書いてあると思います。そこを読む。それから，本時の学習過程からいくと，どんな学習活動をするのかとか，手だてはどんな手だてをしようとしているのかとか，いうふうなことが書いてあります。具体的にどんな評価をしようとしているのかも読み取れます。そこを読むだけでも，授業で何をみたらいいか，ぜんぜんみえるものが違ってくるのです。

授業案の読み合わせ

　ある養護学校の授業研究会に私が参加させていただくときにおねがいしたのは，必ず授業研究会に出られる先生方は，前日までに授業案の読み合わせをやっておいてくださいということでした。私が15年間共同研究者として参加している養護学校の場合は，いくつかの授業者のグループ単位で，それぞれ読み合わせをしています。

　たとえば，チーム・ティーチングを組んでいる3人とか4人の先生で，授業参観のときまでに必ず読み合わせをしています。そういう先生たちのグループがいくつかあるわけです。かなりベテランの先生もおられるし，今年からの若い先生もおられる，あるいは，講師の先生もおられます。みんなで授業案の読み合わせをやります。そのとき，それはどういう意味なのだろうということが必ず出てきます。この授業案はこういうふうに書いてあるけれども，どういう意味かなと，わからないという部分も含めて意見を交換し合って，読み合わせます。

　その子どもの実態を少しでも知っている先生だったら，ここにこんな目標が書いてあるのだけれども，この目標で本当に授業ができるのかなあとか，こんな手だてをすると書いてあるけれども，この手だてが本当に有効かなあということが出てくると思うのです。

　たとえば，去年まで担任をしていた先生にとっては，これこれ，こういうふうにしようと手だてが書いてあるが，その手だてに疑問を持つか

3 授業力を高めるための手だて

もしれない，あるいは，この子はこういう言い方よりこっちの言い方の方がよくわかると思うという意見も出てきます。あるいは，目標をみて，ああ，こういう目標かと，こういう授業の目標であれば，今日の授業の中で，この子には先生がこういう対応をされるかな，あるいは，こういう対応をしようと書いてあるけれども，この対応の仕方で，このねらいに迫ることができるかなということを話し合うということがあると思うのです。

ベテランで，よく知っておられる先生が，こうじゃないか，ということがあるでしょうし，今年教師になった人などは，まだそこまでわかりません。そんなことを素直に話し込むと，じゃあ，明日の授業参観では，ここをみておいたら疑問は解決するなとか，こういう場合にはこういうふうに書いてあるけれども，それじゃあ，この1時間の授業場面のここ，この展開のこの場面，このことばかけに子どもがどういうふうに応じるか，応じないか，どうするか，それを見取りましょう，という話し合いになります。

参観の角度

小学校の教室などでの一斉授業の授業参観のときには，教室の後ろからみることが多いですけれども，子どもの後頭部しか，後ろからはみえません。子どもがどんな表情で先生にかかわるのか，応じているのか，応じていないのか，あまりわかりません。養護学校でも，それは同じです。どこからみておいたら，先生のこの働きかけのときは，一番，子どもの様子を見取ることができるかなというのが，読み合わせの中でわかってきます。

ああ，この場面が大事だなと，ここはそこへいって，みておかないといけないなと。そこへいって，みておかないとみえないのです。このような場面で後ろから子どもの表情をみていてもわかりませんから。そこ

へいって，横から，先生がどういうかな，あるいは先生がどんな表情でどういうかな，どんな身振り手振りかな，あるいはどんなカードをみせるかな，カードをどんなタイミングで出すかな，そうしたときに，この子どもがどうするかな，というのをみないといけないのです。そこができないと，授業の中身がみえてきません。

　そういう細かいことまでみておいて，こういう働きかけは有効だったな，あるいはこういう働きかけは有効でなかったな，ということがわかってきます。そのことを授業をみる前の段階でわかっていないと，そこはぜんぜんみることすらできません。授業研究会では，参観者の10人のうち9人がみていなかったら，そのことについて話し合いはできません。それは，後にビデオをみる場合でも同じです。ビデオを撮る人が授業のどこを撮ったらいいかとチェックしてビデオを撮っていなかったら，重要なところは映っていないことになります。

ビデオのみにくさ

　たとえば，小学校の障害児学級では，地域の先生が集まって授業研究したりします。そこに私が参加する場合，「申し訳ないですが，前の時間のビデオなのですけれども，よかったらみておいてください」と，担当の先生があらかじめ大学にビデオを送ってこられることがあります。それをみていると，「ああ，ここで子どもの顔がみたいなあ」と思っても，みられないというふうなことがあるのです。だから，ビデオを撮るにしても，撮る人は何が大事かということを，授業案を読んで撮らないとうまく撮れないこともあります。

　授業検討会のときに，「いやあ，先生の話はよかったです。子どもが楽しそうで非常によかったです」と，そういうふうに授業者がほめてもらったとしても，そういうことばもうれしいのですけれども，じゃあ，次の時間をどう変えていったらいいかというようになると，そのような

大まかな話では，変えていきようがないのです。だから，授業案の読み合わせをするということは非常に大事なのです。そのためには，少なくとも2日ぐらい前には授業案が書けていないといけないですし，授業案の中に，授業者はここでどんな手だてをするか，どういうことばかけをするかということを書いていないとだめです。授業案を読んでいると，「ああ，ここでどんなことをされるのだろうか」，手だての中身を書いてほしいと思うことがよくあります。

具体的手だて

　小学校の授業研究会にいった場合，「先生の最初にされた発問は，こういう発問です」と問題になることがしばしばあります。しかし，養護学校の授業研究会に行っても，発問ということばはあまり使われません。よく使われるのは，声かけということばです。あるいは，ことばかけです。声かけや，ことばかけということばの中には，指示，それから，賞賛もあれば，説明もあれば，発問にあたるようなこともあります。声かけをするときには，この子にはこういう言い方がいいと考えることが大切です。

　たとえば，同時的な質問の仕方や指示の仕方と，継時的な質問の仕方とどちらがよいか。すなわち，「窓とカーテンを開けてください」というのか，「窓を開けて，次にカーテンを開けてください」というのでは，子どもによってずいぶんその指示の理解が違うことがあります。あまりそういうことが問題にならないのです。どのように指示をするか，発問をするか，説明をするか，授業案に書いてないのです。専門性というのは，授業案でいえば，そういうところをどう書けるかということなのです。一人ひとりを大事にするというなら，そこまでみて書いていないと，声かけをするだけでは，あまりにも大まか過ぎるし，具体的な手だてをするということにはならないのです。

たとえば，1年間内地留学などして大学で講義を受ける，そういう研修ももちろん大事です。大事ですが，すぐにできるのは目の前でやっている授業を研究するということです。授業研究会という形式ばったものでなくとも，今はチーム・ティーチングでやっていますから，チームを組んでいる他の先生と話すということでよいですし，それが大切です。
　だから，毎日一番関わっている先生が，子どもにどう働きかけたときに，どういうふうに応じ，また応じないのかといったように，どういうふうに違うのかということをつかんでいって，その積みあげの上に授業研究をやるということが，大事です。その子どもは，だいたい，このときはこうだなというのは，その先生が一番つかんでおかないと，他の人には絶対にわからない。つかんだ上で蓄積していけるかどうかということ，それが専門性，授業の力量を高めていく一番のベースになるわけです。

参観について

　それから，ロマン・プロセスの二番目の段階は，参観（Observation）です。授業案を読み取った上で，それを頭にいれておいて授業参観をします。授業参観の中では，目標に対して子どもたちがどのように活動をしているのか，目標に向かって，先生たちが働きかけをして，子どもの活動にどう結びついているか，結びついていないかというふうなことを，参観者は見取ります。もちろん，どんな教材・教具を使っているのかとかいうことも。参観者が直接みたときの実態はどうかということなども見取っていきます。読み取りの段階で書いてある子どもの実態というのは，それは，授業者が授業案の中に実態がこうじゃないかということで書いた実態ですけれども，ここでの実態は，実際の子どもを参観者がみた実態です。

メモすること

　それから，ロマン・プロセスの三番目は，メモ（Memorandum）をすることです。授業の事実についてメモするのです。授業研究会の後の話し合いで大事なのは，授業の事実なのです。たとえば，こういうふうに声をかけた，だれだれに声をかけました，そのときに，子どもの表情はどうだったか，どういう動作をしたかというのが事実で，そこを書き留めておく。感想とか，解釈かというのは別にしておいて，まず，それをメモする。それを基にして，こんなときにこうだった，こういう場合にこういうことがあったということを話し合いの中で出すのです。

　最初に浜之郷小学校の話の中で，子どもの学びの事実から学ぶということをいいましたけれども，やっぱり，子どもがどういうふうに学習活動をするか，学ぶかというふうなところを一番大事にしたいということです。

分析すること

　それから，次の段階，授業研究のロマン・プロセスの四番目として，分析（Analysis）をするということがあります。これは今まで授業でみてメモしてきたことをもとに，授業者は何をしようとしたか（意図，目標），どういうふうに対応をしたか，その関連性を分析します。あるいは教材・教具との関連性，また評価との関連性を分析します。子どもの実態との関連をみることも大事です。

語ること

　それから，ロマン・プロセスの締めくくりの段階は，語り（Narration）です。これは，授業反省会とか研修会というときに，参観者が参観した授業の事実に基づいてどういうふうに語るか，話すかということです。今から80年ぐらい前の話ですが，「恨み骨髄に徹して一生忘る

るを得ず」ということがいわれました。授業者は授業を公開して，参観者の語ることが授業者にとって恨み骨髄に徹して一生忘るるを得ずと思うような話ばっかりであれば，次の授業の改善につながりません。授業改善につながる参観者の語り，話し方というのは非常に大事です。

何が大事かというと，まずは授業者が何をやろうとしているか，それを達成するために，今日の授業者の話し方がどうであるかということを参観者はみます。授業者の意図で，こんな働きかけをされたが，こっちの働きかけをもうちょっとこういうふうに変えた方が目標に近づいていくのではないかと話せば，そういう見方もできて，次の授業について建設的な話になります。

恨み骨髄に徹してという場合ほどではなく，昔からいっぱいあるのは，たとえば，「いやいや，授業というのは，そもそも違うよ，こういうふうにやった方がいいよ」と，はじめから授業者の意図や参観した事実とは関係なしに参観者の授業論が語られる場合です。それは授業者の思いに見合っていないから改善することにつながっていかないのです。授業者の授業が一方的に参観者の思いから批判される場合です。

授業者の思い違い

それでは，授業者の意図とか目標というのはいつも間違いがないのでしょうか。いつも授業者は間違いない目標で授業をしているかというふうなことになると，必ずしもそうでありません。授業者にも思い違いはあります。そういうときには，やっぱり，授業者は本当は何をしたかったのかとか，というふうなことまで話し合わないといけません。これは，子どもの実態からみて，目標が不適切だ，あるいはこの教材だとこの目標にいかないのではないか，というズレが出てくるわけです。そこから授業研究をしないといけません。

だから，参観者は，授業者の子どもの実態の捉え方はこうだけれども，

実際の授業の中でみた子どもの様子はこうだから，少しそこの実態の捉え方が違うのだと話を始めます。そうすると，目標も違うのだというふうなところになってきて，否定するのではなくて，そこで授業者と参観者との間でやり取りする中で，じゃあ，どんな目標にしていったらよいのかという話をするということになります。

授業のイメージワーク

ロマン・プロセスについて，最初の授業案の読み取りについてはかなり詳しく話しました。そのあとの参観，メモ，分析，語りについては簡単に話しましたが，もうひとつだけ簡単にいいます。

それは，授業のイメージワークについてです。授業案とか授業研究とかの話はしばしば聴かれてきたと思いますが，「授業のイメージワーク」ということの話はあまり馴染みがないかもしれません。

教師は，授業案として文章化するかどうかは別として，こういう授業をしようかというプランがないと授業できませんから，普段やっているわけです。教材研究もし，授業案に書くわけですけれども，なかなか毎回毎回そうはいかないということです。必ずしも授業案に代わるものではないけれども，必ずやった方がいいなと思うのは，授業のイメージワークなのです。たとえば，スポーツの試合の場合には，イメージトレーニングをします。それに似ています。

授業する場合は，イメージワークというのは今日やる１時間の授業の最初から終わりまで，たとえば，ああ，こういうふうに最初に教室に入ったら，まずこういう話をして，それから，相手がたぶんこんな反応をする場合もあるかなということをイメージするわけです。自分がこうしたいということを含めて，「こういうふうにして，次にああやろう」「ここでこの写真をみせて，次にこういうふうに説明して……」など，そんなようにイメージワークをやると，その授業展開の中で何が大事かという

のがみえてきます。

この授業の大事なこと

　イメージワークで，今日やること，目標が何で，ああやって，こうやって，こうすると考えていると，今日の授業で大事なのはどこか，とかがみえてきます。ここはさっさと進んでいいかとか，ここはゆっくりでとか，自分の中でイメージワークしておけば，そのつどの教師の意思決定がスムーズにできます。授業では，授業者である教師の意思決定は，きわめて大事なことです。いつ何をするか判断することが必要なときに，大事なことが何かということを自分の中できっちり持っていないと，あっ，ここはいわなくてよくて，ここではこうしようという判断などがうまくできません。イメージワークでずっと考えてきたこと，ここはこんなことだなというふうなことが教師の頭の中で整理してあれば，予想しなかったことが起こっても速やかに対応ができるわけです。

　そういうことをやることによって，授業の中で予想していないことが起こってもスムーズに対応できるというふうなことがあります。授業案を書くには１時間，２時間かかりますが，イメージワークは５分もあればできると思います。

授業のイメージワークと専門性

　授業案をまずはじめに書ければいいのでしょうけれども，イメージワークをして望むそういうふうな日々の授業の中で教師の専門性がついていきます。これは日々の授業での話です。研究授業の中だけではなくて，日々の授業の中でそういうふうにして自分の教師としての専門性を高めていきます。自分のこうしようという意図があって，子どもたちの様子をみていると，そういう意図との関連で子どもたちの様子も頭の中に残っていきます。それで，教師の行ったことに対して子どもがどう対応した

3 授業力を高めるための手だて

かということで，教師自身は自分のことについてもふり返りができます。そこから，日々，教師の専門性，授業力を高めていけるのではないかというふうに思います。

　以上の話は，教師が授業力を高めていくための概括的な方向づけである。次の章から授業力を高める具体的な方法について述べていくこととする。

4　授業力を高めるための授業研究のすすめ

　ひところ「プロの教師」という言葉が，教育雑誌などでしばしば使われていた。また，このようなタイトルを冠した本も書店に並べられていた。教師の専門性の向上は，研修会等機会のあるごとに指摘されている。これらのことばを使うか否かにかかわらず，どの教師も高い授業力を持ちたいと願っている。
　教師が自分の授業力を高めていくための方法はいろいろと考えられる。研修の機会が得られれば，大学院や大学の特殊教育特別専攻科で学ぶ方法もある。あるいは研修に出ることが難しければ，校内外の授業研究会で腕を磨くことが考えられる。また，日々の自らの授業を記録し，一人で振り返るという方法もある。
　授業力を高めるための授業研究について少し考えてみよう。

教師の願い
　「毎日毎日授業を行っているが，自分の満足のいく授業は1年間の内に1回か2回できればいい方だ。」「長年授業をやって来たが，満足のできる授業など一度もなかった。」日々の授業について，現場の教師のこんな話を聞くことがある。
　このような授業への思いに，それぞれの教師はどのように対処してい

るのであろうか。授業は難しいものであるからやむを得ないこととして，次の授業へ取りかかるか，なんとかもう少しよい授業ができないかと考えるか，そんなことは考えずにその日その日を過ごすか。教師のあり方として様々な場合がある。

　授業研究は，少しでもよい授業をしたいという教師のねがいから行われるものである。けっして研究紀要や論文を書くための研究ではない。

　それゆえ，よい授業をしたいという教師のねがいから出発する授業研究は，教師が授業研究をする，あるいはそれにかかわることによって，教師自らの力量を高めるものではなくてはならない。また，そのことを念頭においた研究の方法でなくてはならない。

　本章では，そのような教師のねがいから行われる授業研究の方法を考えていきたい。

なぜ授業を研究するか

　学校で教師が行う教育活動の時間のうち，授業と呼ばれる時間がもっとも多い。それゆえ，教師にとって授業はきわめて重要な意味を持つという指摘はしばしばなされる。これは授業の持つ量的な側面での意味である。しかし，それ以上に重要なことは，教師の存在理由という本質的な意味において教師にとっても子どもにとっても授業は重要なのである。そのことはかつて，通常の教育において，授業は「教師が教育という仕事にとどまりうるかどうかの，のっぴきならない領域」(稲垣忠彦，1995)であるといわれた。授業研究は，そのような授業を改善し，授業者の力量を高めていくために行われるものであり，また，授業研究会に参加する教師たちの力量を形成するために行われるものである。

最近の授業研究

　最近では，授業者自身の反省的なふり返りを中心におく，リフレクティ

ブな授業研究が重要視されてきている。藤岡完治（1998）は，リフレクティブな授業研究のシステムの特徴として，次の4点を挙げている。

① 子どもの事実に焦点化する。
② 授業者のねがいや意図を中心に据える。
③ コミュニケーションを促進する。
④ アクションリサーチである。

　すなわち，授業者はその授業をふり返って語る。授業研究会への参加者は，子どもの事実（学習活動）と授業者のふり返りから子どもが授業の中で何を経験しているのかを読み取り，授業者の意図やねがいの実現の程度を知る。そして，検討する場において，授業者と参観者は，それぞれの見え方をコミュニケーションするのであり，授業研究会で得たことをもとに再び授業に取り組み実際に改善を試み，また授業をふり返るのである。このような授業研究が障害児教育にも求められるのである。

　この背景には，「旧来の専門家が専門的な知識や技術を実践場面に適用する『科学的技術の合理的適用の原理を基礎として仕事を遂行したのに対して，今日の専門家はクライアントの抱えるより複雑な泥沼のような問題に身をおき，『活動過程における省察』にもとづいて専門領域を越える難問と格闘している」（佐藤学，1999）からだといえる。授業は，きわめて複雑な教授―学習の過程であるとは，しばしば指摘されているところである。その過程で起こることがらは，特定の技術や知識を単純に当てはめて解決できるものではない。授業者自身がそのつど，参観者とともにその授業についての見え方を交換し合う中で，力量を高め，次の授業を改善する努力をすることが重要なのである。

授業研究の2つの流れ
(1)　数量的な方法
　いわゆる授業研究の方法には，2つの大きな流れがある。ひとつは，

数量的な研究方法である。たとえば，カテゴリー分析の方法がこれにあたる。このやり方は，ある一定の手続きを習得すれば，比較的容易に実施することができる。学生の卒業研究でもこの方法をとって授業の研究を行っているものがある。つまり，ある1時間の授業をビデオに録画し，それをあらかじめ決めておいた行動のカテゴリーに分類していき，それをもとにして，1時間の授業の中でどのような教師の行動がどのくらいの割合で出現したか，子どもの行動はどのようなものがどのような割合で出現したかなどを分析していくものである。

これは，その授業の型を明確にすることができる。たとえば，教師の指示の多い授業である，あるいは子どもの制作の時間が半分を占めている，というようなことが明瞭になる。また，ビデオの分析のし方を変えて，視点を教師と子どもとの相互作用において分析することもできる。その場合は，教師のどのような働きかけに対して，子どものどのような働きかけが生じたのかを分析することができる。

しかし，このような方法は，明確にどのカテゴリーへ分類するかが難しい場合がある。また，たとえば，教師のある発言を発問のカテゴリーに分類したけれども，子どもにとってその発言は発問としての意味をなしていないこともある。そのような場合，この方法で分類したことの結果の意味をどのように解釈するのかには疑問が残る。

しかし，授業を数量的に把握するという視点は，授業参観の場合にもかなり有効である。すなわち，参観者が漠然と授業をみるのではなく，いまの教師の話をクラスの子どものうち何人が聞いているのかを明確に把握することになる。このことで，参観者は，その話がどの程度子どもの注意を獲得しているのかが把握できる。教師は，参観においてある程度数量的にみることから質的な把握へと進むことができる。

(2) **質的な方法**

最近，知的障害の子どもたちの授業研究においても，授業の数量的な

研究ではなく，質的な研究の必要性が指摘されてきている。

　教育現場では，授業を改善していくために行う授業研究の方法としてこのような質的な研究方法を必要とし，明治10年代中ごろから行ってきた。

　この方法は，大まかには次のようなものである。すなわち，授業研究会を実施する側においては，学習指導案の作成とその授業の公開，及び授業検討会の開催という手順で行われてきた。

　このような研究方法は，現場の教師は一度ならず経験しているはずである。そしてまた，その難しさをも同時に経験してきている。

　授業の質的研究は，授業をまるごと取り上げて討論し，その討論からフィードバック情報を得ようとする試み（清水貞夫，1993）であり，まるごと取り上げるということが有機的に対象・内容・方法・目的をとらえ，子どもの生活からみた授業を考える点にある（広瀬信雄，1990）といえる。

　このような質的な研究の方法が教育現場での実際的な方法である。しかし，この方法は長い歴史を持ちながら，実際には必ずしも授業改善に有効な情報をもたらすまでには至っていない。

　そのことに対する現場の声はいくらもあるが，次のようなものである。それは，授業研究会をやっても，研究協議で授業について問題になることがなく，「実際は時間的にも盛り上がり的にも，後の『各校の取りくみ』などの方が大きかった」という発言である。その原因として次のことが指摘されている。

　①同じ土台で話し合っていなかったこと，②よその学級の子どもについては，つい「よくわからないから」と遠慮がちになることである。①については，中学校では作業学習を中心にやっており，生活単元学習はあまりやっていないなどの教師の経験の違いや考え方の違いであり，②については，授業を参観する自分の目に自信がないことによっている。

これは，ある教師の見方（池浦真里，1995）であるが，このような場合が実際の授業研究会ではしばしばある。

同じような指摘は，教育現場からも研究者からも繰り返し行われてきた。このような授業研究会でのこれまでの問題点をまとめていえば，それはそこでの発言が印象批評のみになっているからである（太田正己, 1994）。

現場の授業研究の方法の見直し

そこで，〈授業案の作成―授業の公開―授業検討会の開催〉の手順で行われてきた現場の授業研究の方法を見直す必要がある。

これまでの現場の授業研究の手順を授業参観者の側，すなわち授業研究に参加する側からいえば，次のようである。〈授業案の読み取り―授業参観―授業検討会への参加〉である。このプロセスを見直すことによって，実りある授業研究ができる。

現場の授業研究の方法の再構築のために

現場の授業研究の方法を見直し，再構築を考えるまえに，現場での授業研究で重要なことを確認しておこう。

① ひとつは，すでに述べたように授業研究にかかわることによって教師自身が授業の力量を高められることである。
② 2つめは，方法が簡便であるということである。忙しい教師にとって複雑な手続きを行うような方法では，日常的に行えないからである。
③ 3つめは，授業研究は，授業を提供した教師自身が授業改善の意欲の持てるものであるということである。

現場での授業研究は，これを行うことによって，実際の授業が改善されていくものでなければならない。かつて，アメリカで教育批評という

方法によって,教育研究に取り組んできたエリオットW.アイスナー（1985）は,教育の改善は普遍的に適用できる科学的方法を発見する企てからではなく,教育についての教師のみたり,考えたりする力を改善する作業に教師を従事させることによってなされることを指摘した。教師自らが授業研究に参加し,授業を参観し,授業について考え,相互に討論する。このことによって,教師の授業をつくり,行う力量が高められ,授業が改善していくのであるといえよう。

現場の研究方法を検討する場合の考慮点

教育現場で授業研究する場合,考慮すべき点はいくつか挙げられる。

① まず,教師の忙しさである。いつのときも教師は忙しいといわれる。特に近年,事務的な仕事が増え,種々の研修会や研究会への参加などもあり,じっくり授業研究する時間も取りにくい状況にある。それゆえ,授業研究の方法を考える場合にもこのことを考慮しなければならない。

② これまでの授業研究からは,授業改善に有効な情報が得られにくかったことである。従来の〈授業案―授業参観―授業検討会〉というプロセスによって行われる授業研究において,そこでの授業の検討は,表面的な印象や感想を述べ合うことにとどまり,授業を変えていくようなフィードバック情報が得られにくく,検討会の参加者にとって実りの多いものではなかった。それゆえ,有効な方法を検討しなければならない。

③ 職場での教師間の対人関係の在り方の問題である。授業改善に有効なフィードバック情報をもたらす発言は,ときとして授業を行った教師にとって厳しい内容の場合もある。そのような発言が許容されるような人間関係が教師間に築かれていないことが多い。よい人間関係を築くことはもちろんであるが,教師が相互に授業研究の目

的や方法を共通理解することで，有効なフィードバック情報を得ることができる研究会の場をつくることが可能である。

普段着の授業研究のすすめ ──「おむすび」と「ロマン」と

　何年かに一度，十分な準備をして開催される公開研究会での授業研究も授業者の力量を高めるのに必要ではあるが，そのような授業は日常的なものではなくいわば特別なものである。そのために，授業者は授業の計画をよく練り上げ，十分に準備し，授業を行う。その過程で授業者の力量が高まることになる。このような非日常的な授業研究での力量の高め方も重要な意味がある。しかし，毎日の授業をふり返ることによって，力量を高めていく取り組みはさらに重要である。

　筆者は，授業批評に基づく2つの日常的な，普段着での授業研究のやり方を提案したい。ひとつは，授業者が1人で行う『五目おむすび法』とグループや学部で行う『ロマン・プロセス・アプローチ（RPアプローチ）法』による授業研究法である。

　授業批評とは，授業参観者が授業の事実に基づいて，授業目標の適切さと目標達成の手段の妥当性を検討し，授業者の意図を実現するように語ることである。

　これが，筆者の定義している授業批評である。授業には必ず授業者の意図がある。そこで，授業参観において参観者は，意図やこれを具体化した目標の達成のための手段の妥当性，教材や指導の手だてが授業目標を達成するための適切性を読み取るわけである。

　そして，参観の後の検討会においての批評では，授業案から読み取ったことがらや授業参観で見取った事実に基づいて，授業目標の達成の程度やそのための指導の手だての妥当性について語るのである。

五目おむすび法

　これは，自己点検型の授業研究法である。授業者は，自分の行った授業をふり返る場合に，ふり返る視点が必要である。その視点を〈五目おむすび〉ということばで表したものである。

　まず，五目とは，自分の授業を点検するための次の5つの視点を表している。

① 授業目標：どのような授業においても，授業者の意図から構成されている。たとえば，「子どもに……を3回続けてさせたい」，あるいは「子どもが自由に自己決定して行動する」など。そのような授業者の意図は，授業の中では，単元目標や本時の目標など授業の目標として具体的に記述されている。授業後に授業者が自らの授業をふり返る場合には，このような授業者の意図や授業の目標が明確であったか，具体的にイメージして授業に臨んでいたか，を問うことが必要である。

② 教授行為：授業意図や授業目標が具体的に明確になっていても，それを子どもに伝える授業者の行為（教授行為）は，どのように行われていたか。そのような視点から，授業をふり返る必要がある。

③ 教材・教具：子どもたちにどのように教材・教具を提示したであろうか。教材・教具は，この授業の対象であった子どもたちにふさわしいものであったかなど，検討することである。

④ 子どもの実態：子どもの実態の捉え方はどうであったか。子どもたちは，予想したように教材・教具にかかわっただろうか，指示したとき，イメージしていた子どもの姿がみられたかなど，子どもの実態の把握の仕方に視点をあててふり返ってみるのである。

⑤ 学習活動：授業中の子どもの様子はどうであったか。活動はしていたようにみえたが，授業目標を達成するような活動になっていただろうか。何をどのように学習していたのであろうかなど，子ども

の学習活動を事実的に押さえて，評価することが必要である。

次に，〈おむすび〉の視点から授業をふり返る必要がある。これは，5つの視点はばらばらなものではなく，相互に関連させて（むすび合わせて）授業をみることが重要であることを示している。たとえば，子どものどのような実態に基づいて授業目標を定めているのか，教授行為はその授業目標を達成するように行われたか，教材・教具はそのような目標を達成する形で提示できたか，子どもたちの実態に合っていたのかなどを検討する必要がある。また，学習活動は授業目標にそって行われていたのか，教授行為とどのようにかかわっていたのかなどもふり返ることが必要である。

さらに，〈五目おむすび〉という食べ物に自己点検的授業研究法をたとえているのは，賞味期間をチェックするためでもある。特に，おむすびの鮮度の問題である。そのひとつは，教材の鮮度である。授業時数が多過ぎると子どもたちにあきられてしまう。すなわち，教材の鮮度が落ち，おむすびが腐ってしまう。適切な指導計画，時間数の検討が必要である。それは，鮮度だけではなく目標達成のために必要な時間の視点でもある。

ロマン・プロセス・アプローチ（RPアプローチ）法

この方法は，〈五目おむすび〉の視点を取り入れながら，授業者以外に参観者を入れての授業研究会での方法である。たとえば，グループで，小学部で，学校で，あるいは地域の障害児学級の担任の集まりで，または全県的，全国的な研究会での方法である。

ロマン・プロセスのROMANは，授業研究の過程を表している。詳細は，次章以降に譲るが，授業案の読み取りでは，参観者同士で授業案の読み合わせを行い，参観のポイントを押さえた上で，参観に臨むと参観の各視点の関連性が深く読み取れ，研究会での話し合いがポイントを

しぼったものになり，実のある授業研究会となる。

RPアプローチ法での授業批評を，筆者はその性質上「持て成し批評」とも呼んでいる。

授業批評の妥当性

授業実践を検討する「持て成し批評」が，批評者の主観的，独断的な語りでないということはどのようにして保証されるのであろうか。

エリオットW.アイスナー（1985）は，彼の教育批評の妥当性の吟味の基準について述べている。それを参考に授業批評の妥当性をみる基準を挙げると，次の2点になる。

① 批評の内容の筋道が通っている，部分が全体に適合している，つまりその批評内容には構造的な裏付けがあること。
② 批評で言及していることが授業の中に事実として見出せる，つまり言及していることの適切さがあることである。われわれが，批評として語るとき，授業の事実に基づいて筋が通っているように語ることが重要である。

授業批評による授業研究の有効性

授業批評の有効性については，
① このことによって授業が改善していくか。
② この授業研究にかかわった者の力量形成がなされるか。
の2点から検討することが必要である。

筆者は，これらの点に関して一定の成果を得ている（太田，1993；1995；1996）。その結果からこの方法が有効であると考えられる。

持て成し批評を学んだある教師は，「『持て成し批評』ということばは，私自身の生き方を揺るがすことばであった。私には謙虚さや相手の話を聴く，相手から学ぶという姿勢が欠けていたようである。授業者の授業

4 授業力を高めるための授業研究のすすめ

に寄り添い，授業者を肯定し，授業者と共に授業を創ろうという姿勢，授業者や授業から学ぼうとする姿勢，そのねばり強さが」と，記している。まさに，共に研究を進める姿勢が大切なのである。

5　授業のコンサルテーションのために

授業のコンサルテーションとは

　ここでは，授業のコンサルテーションとは何か，それを効果的に行うために，どのような対応が意味のあるものかを検討することにしよう。研究論文をもとにしているので，若干の読みにくさをご容赦いただきたい。

　日本教育心理学会（2001）は，冊子『学校心理士の役割と活動について─学校心理士活用のすすめ─』の中で，「障害のある子どもの教育についてはチームティーチングが一般的であり，……子どもたちへの援助について検討し個別教育計画を作成する過程において，学校心理士は，チームがより効果的に機能するよう働きかけるコンサルテーションを行ないます」と述べている。学校心理士であるか否かにかかわらず，授業づくりにおいて，計画（授業案）の段階から，「チームがより効果的に機能するよう働きかけるコンサルテーション」を実施することが大切である。この場合，「チームがより効果的に機能するよう働きかける」とは，だれがどのような授業のコンサルテーションを行うことであろうか。

　まず，学校教育の場では，これまであまり馴染みではないコンサルテーションということばについて触れておこう。コンサルテーションには，様々な定義があるようだが，「専門家（コンサルタント）が他の専門家

（コンサルティ）の機能を改善しようとするとき，その専門家同士の関係」を意味する（東京発達相談研究会，2002）と考えておこう。この考え方を踏まえると，ここでは，授業研究者などの専門家が教師の機能（児童・生徒への指導，支援，特に授業をすること）を改善しようとするときの授業研究者と教師の関係である。それゆえ，教師に指導を受ける児童・生徒とも入れての三者の関係を含意することになる。これらのことから，授業のコンサルテーションは，授業研究者などの授業コンサルタントによる教師への働きかけによる授業改善を通しての児童・生徒に対する間接的な支援と考えることができる。

筆者は，授業批評による授業研究を授業者と批評者（授業研究者及び授業参観者）による授業づくりの過程と考えている。そのためには，授業批評は，ある教師が「授業者にとって，研究し，授業をしてきたことの充実感と共に，明日からの前向きのやる気・力がわいてくると思う」と語ったような，「持て成し批評」でなければならない。いいかえれば，持て成し批評とは，「積極的に相手の本来の状態を維持し，相手を持って相手の本来あるべき状態と成す」という意味において行われる授業批評である（太田正己，1997）。

ここでは，そのような授業批評の授業改善への有効な影響を明らかにするために企てられた研究をもとにして，授業のコンサルテーションについて考えてみよう。すなわち，授業批評がどのような条件を満たしている場合に，ティーム・ティーチングの授業者集団に受け入れられ，その意思決定に影響し，授業を改善するような指導の手だての選択に働くのかということを明らかにすることを目的とする。

「授業意図に即す」

授業批評によって授業が改善されるためには，まず，批評を受けた側（授業者）がその批評内容を受け入れ，授業目標を達成するために新た

な指導の手だてを選択するという意思決定を行うことが必要である。どのような教授行為（指導の手だて）も授業者の意識的あるいは無意識的な意思決定の結果なのである（Shavelson, 1973）。たとえば，古く大正時代に石田利作（1921）が「怨み骨髄に徹し，一生忘るることを得ず」とならないように「同情ある批評」をすることを批評の要点に挙げているのは，その批評が授業者に受け入れられなければならないと考えているからである。しかし，どのような批評が「同情ある批評」であるかが論じられているわけではなく，どのような批評が受け入れられ授業を改善していくのかいかないのか，ましてやこの批評が妥当であるのかないのかは不明である。

　その後も，そのような視点からの批評を提案する者はあった（塩見静一，1925；白井勇，1943）が，実際のやり方やその効果が明らかにされているわけではないので，最近でも批評を受けた側が拒否感情を起こすような事例を現場教師の声として聞くことがある（太田，1995）。また，これまで授業評価の結果が，授業者自身にとって釈然としないという声もよく聞かれる（藤岡完治，1979）。

　これまでなされてきた授業分析者や研究者等の第三者の立場からの授業研究でも，授業を設計し実践し，個々の授業場面において意思決定を行う主体である授業者の立場からみたとき，その研究結果は自分の教授行為を修正し授業の改善へつなげていけるような，より有効なフィードバック情報を提供しているとは考えられない（西之園晴夫他，1981）。このため第三者による授業の外側からの診断，評価という授業研究にとどまらず，すでにその必要性が指摘されてきた「授業者の意図に即して，授業者自身も意識していない行動や達成についての知見を提供するような研究」（藤岡，1981）を行うことが必要である。しかし，そのような知見が有効なフィードバック情報として，どのような場合に授業者に受け入れられ，授業者の意思決定に影響するのかという点に関して明らか

にされているわけではない。

　ところで，実際に批評を行う際には，「授業者の意図を肯定し」，あるいは「授業者の意図に即して」批評が行われることが有効である（藤岡，1979；藤岡，1981；森一夫，1991；折原一雄，1993；太田，1995）。それは，授業者の意図「を肯定して」あるいは「に即して」批評が行われることが，授業者の意思決定に何らかの影響を与えると考えられているからである。そこで，授業批評におけるこのことの有効性を具体的に明らかにするならば，授業者の意思決定への批評の影響もより具体的なものとして明らかになると考えられる。また，指導の手だて（教授タクティクス）の選択，つまり授業における授業者の意思決定に影響を及ぼしている要因を明らかにしていくことは，現在，授業者の意思決定に関する研究においても，重要な課題となっている（吉崎静夫，1990）。

　そこで，本章では，授業及び授業批評に関する資料（授業案，授業批評の内容，授業者集団の批評内容の検討記録，授業者へのアンケート）の分析を通して，批評における「授業意図を肯定して」あるいは「授業意図に即して」ということに焦点を当て，授業批評がどのような条件を満たしている場合に，チームを構成している複数の教師，すなわち授業者集団に受け入れられ，指導の手だて選択の意思決定に影響し，授業を改善するような指導の手だての選択に働くのかということを明らかにする。

「授業意図に即して」を明らかにするための方法

　そのために，養護学校（知肢併置）小学部低学年でティーム・ティーチングによって行われた授業の授業案，授業者集団において記録された授業批評の内容及びその検討記録，同授業検討記録，授業者へのアンケートを資料として分析，考察する。

(1) **手続きと資料**

1) 手続き

ここでは，次の授業研究の手続きを経るなかで作成される研究の資料を収集し，それに基づいて実証的な研究を行う。そのための手続きは，次のようである。
　① 授業者集団による授業案の作成。
　② 批評者（筆者）による授業案の読み取り。
　③ 授業者集団による研究授業の実施。
　④ 批評者による研究授業の参観。
　⑤ 批評者による研究授業後懇談会（授業者集団との）における授業批評の実施。
　⑥ 授業者集団による懇談会後の授業の実施と批評内容の検討。
　⑦ 授業者集団による授業案本時分の再設計。
　2）資　料
　上記，研究の過程で作成された記録等を本研究の資料とする。すなわち，授業案，授業批評の記録，授業者集団の授業及び批評内容の検討記録である。さらに，本授業での授業者集団の子どもへのかかわり方に関すること及び授業批評の影響についての授業者集団各メンバーへのアンケート調査結果を資料として加えた。

(2) 対象授業
　本研究の対象となる授業は，A養護学校（知肢併置）の小学部低学年の児童に対して，1995年11月に実施された次の授業である。
　1）単元名
　　ブランコに乗ろう
　2）本時のねらい
　　・指導者と一緒に揺れを楽しむことができる。
　　・指導者からの働きかけに気を向けることができる。
　3）対象児童
　　小学部低学年1，2年生10名（男9：女1）で，認知発達的には1

歳前後から3歳前後（新K式発達検査及び教師の観察による）である。詳しい児童の実態等については，表5−4の学習者観を参照のこと。

4) 指導体制

指導者6名（中心指導者1名，補助指導者5名）によるティーム・ティーチング。

5) 学習活動の流れ

本授業の学習活動の流れは，

　　導　入＝「学習活動を意識する」
　　展　開＝「指導者からの呼びかけを受けてブランコに乗る」「ブランコの揺れやボード上でのやりとりを楽しむ」「待ち組も前での活動を真似たりすることで，楽しい雰囲気を感じる」
　　まとめ＝「終わりを意識する」

ことが中心になっている。

(3) 分析の視点

本研究では，授業批評がどのような場合に授業者集団の意思決定に影響を与えるのかを明らかにするために，次の視点で結果を整理，分析する。

分析の視点：授業者集団による授業及び批評内容についての検討記録，授業案の内容を整理し，「受け入れられた批評内容」「指導の手だての変化」「授業者集団の授業意図」を析出して，これらと授業者集団へのアンケート調査結果を合わせて比較，検討することによって，ティーム・ティーチングの授業における意思決定へ影響する授業批評の条件を明らかにする。

「授業意図に即して」を明らかにするために得られた結果

授業者集団が授業批評をどのように受け取り，批評の何に注意を向け

ていったか，そして批評からどのような意思決定をし，指導の手だてを考えたのかを捉えるために，次の表5-1，2，3の資料を挙げる。すなわち，まず，本単元の指導計画第2次1時間目の授業終了後に行われた研究授業後懇談会での授業者側によって記録された批評内容（表5-1）をまとめて示す。次に，この批評を受けて行われた同2時間目の授業終了後（次の日）の授業者集団での話し合いの主な内容の記録を挙げる（表5-2）。その中で，授業者集団が批評内容について，特に検討し記録に残している，指導計画第2次において行おうとした具体的な対応（指導の手だて）に関する検討内容を表5-3に挙げた。

　表5-4は，指導計画第2次1時間目の授業研究の対象になった研究授業での授業案における「単元設定の理由」である。ここに，授業者集団における授業の意図が表明されている。表5-5は，指導計画第1次での授業者集団の中で行われた授業検討内容である。これは，授業批評を受ける前の授業者集団における授業改善のための注意点がわかる資料である。表5-6，7，8は，授業者集団の各メンバーへのアンケートの結果である。これによって，授業者集団で授業のポイントになる「子どもの意識を他者へ向ける」ときの対象としての他者がだれと考えられていたのか（表5-6），その対象が変わっていった理由を各メンバーがどのように捉えていたのか（表5-7），その変化への授業批評の影響をどう考えているか（表5-8）という点を明らかにする資料である。

「授業意図に即して」を明らかにするための考察

　本研究において，「批評がどのような場合に授業者集団に受け入れられ，その意思決定に影響するのか」を検討できるのは，授業批評（表5-1）を受けて，授業者集団において検討された内容（表5-3）についてである。

　すなわち，表5-3のAの「誰と楽しむか」と同Bの「呼名」に関

するものである。同Cの「待ち時間をなくし，じっくりたっぷりかかわること」はA，Bにかかわっての授業者の側での考えを確認したものである（A養護学校教育課程検討委員会，1995）。

したがって，授業者集団の中で検討内容とされ，意思決定にかかわるという意味において批評内容の受け入れとすることができるのは，表5-1の批評内容の④⑤⑥⑦が表5-3のAとして，同じく表5-1：⑧⑨⑩が，表5-3のBとして取り上げられる内容についてである。

そこで，まず「誰と楽しむか」に関して，考察する。

本授業において，「誰と楽しむか」ということは，授業者集団によって対人関係に課題があるととらえられている対象児にとって，大人という他者へ気持ちを向けていくという点で最も重要なことがらと考えられている（表5-4）。そのために，楽しむ中で子どのたちに意識される対象をだれに決めて授業を進めるかは，この授業のポイントである。

表5-4及び5から指導計画第1次では，指導の視点は「揺れを作り出す人」を子どもたちに意識させることに焦点があった。しかし，第2次の第1時間目の授業の批評（表5-1）を受けて，その指導の視点としては子どもたちの意識を向けさせる対象が「揺れを作り出す人」から，「共に乗った指導者」へ移された（表5-3：A）。この「子どもと共に楽しむ」相手が「揺れを作り出す人」から「共に乗った指導者」へ変更されたことは，この授業においてきわめて重要な変更であり，授業者集団における重大な意思決定である。

それは，表5-1の④「（子どもが）一人で楽しむのではなく，『一緒』に楽しむために，揺れを作り出す『人』をアピールしていくこと」という批評の前半部分の「一緒に楽しむ」こと，あるいは表5-1の⑤⑥⑦における共感ややりとり，共に楽しむ手だてという批評の部分が授業者集団に受け入れられていったことを示している。そこでは，「共に乗った指導者」の方が，子どもと楽しい気持ちなどを共有しやすいことが中

表5−1：研究授業後懇談会での批評内容（授業者側の記録による）

- ねらいに関して
    ① 本時のねらいが「楽しむ」で活動も「楽しむ」となっていること
    ② 本時のねらいと単元のねらいの関連性，及び今後の展開に関すること
    ③ 言葉たらずであるので，課題の違いを明確にすること
- 共感に関して
    ④ 一人で楽しむのではなく，「一緒に」楽しむために，揺れを作り出す「人」をアピールしていくこと
    ⑤ 共感の場をどのように作り出すかということ
    ⑥ 共に楽しむための手だてを考えること
    ⑦ 揺れでどのようにやりとりしていくかということ
- 呼名に関して
    ⑧ 「これ」というルールを作る必要はないが，なぜ呼名されたのか（なぜ乗れたのか）をその都度返していく必要性，これを指導者間の共通認識にすること，大事な場面なので，やりとりの1つとしても重要なこと
    ⑨ かけ声や終わりを明確にすること
    ⑩ サブ指導者との役割分担に関すること

5 授業のコンサルテーションのために

表5-2：授業者集団（クラス会）による批評後の授業を終えての話し合いの内容

a：呼名で「なぜ」をかえしていくことで，いろいろな方法を持っているユウジが混乱気味であった。
b：呼名で思いを拾ってもらえずにすねる子どももいた。
c：準備，後片づけをどう位置づけるか。意識づけならば，もう少し子どもを引っぱってもいいのではないか。
d：終わりをはっきりさせていくことで，すぐにブランコから下りる子どもは減り，共感しやすい状況になった。
e：共感の場をどう考えるのか，どことどこでのやりとりなのか。本来，揺れを共に体験した者同士ですべきで，待ち席とのやりとりは考えない。
f：揺れを共に体験することで，「共感する」手だてにならないか。

表5-3：懇談会（批評）後の授業者集団による授業検討内容

A：「共に楽しむ」「共に活動する」「気を向ける」など共感の場をどう作り出すのか。

　「共に」ということで，誰と楽しむのがねらいに迫りやすいのか，を検討して，共にブランコに乗っていて一緒に揺れを感じている教師と「共通の体験を」楽しむということにする。

　共通体験というのは，
・身ぶりのまねっこ―飛行機，ばんざい，フラダンス，電車
・待ち席に対する声かけ―手を振ったり口を持ってきたりして「オーイ」と声をかける。待ち席とのやりとりではなく，共に乗っている教師からの声かけを受けて行う。
・揺れの変化に対する対応―「揺れるって！　しゅっぱーつ！」「大きくなって，～しよう」，身ぶりつきの呪文（「大きくなあれ」「変な揺れ～」）
　中心指導者は各パーツの進行や揺れの変化は行うが，それを受けて乗って

いる（乗る）教師が各児童への誘いかけや働きかけを行う。
B：端から順の呼名ではなく，「思いを拾うために」呼名を行う。
① 「したいひと！」では思いを拾って返す間もなく，みんな（教師の方に）向かってきた。それで，席に返され，子どもは混乱した。

　そこで，「思いを拾うため」を再確認した。言葉かけの工夫（「したい人」ではなく，「したい人はいるかなあ」で個々の様子をうかがい，表情や身ぶりなどから呼名をしていく）をする。誘いかけに応えて呼名の前に向かってきた場合も，児童によってはそれを受け止めるようにする。

② 「これ」というルールを作る必要はないが，なぜ呼名されたのか（なぜ乗れるのか）をその都度子どもに返していく必要がある。指導者間の共通認識にもすることが必要である。大事な場面なので，やりとりのひとつとしても注意する。授業研究会での指摘を受けて，言葉や身ぶりで返していく（「よく見ててくれたね，〜君」「ハーイ（身ぶりで）って」）。

　ほとんどの児童が1度1度自分に働きかけてもらうことで「思いが通った」実感を感じている様子だが，言葉の理解が進んでいるユウジにとっては「何でもあり」状態になり，かえって混乱している。自信がない中で自分なりの表現をするが拾ってもらえず，おおいにめげる。また，タクとタクヤにとってそれほど意思表示しなくても乗り込める設定になってしまった。そこで，サブ指導者の声かけなどで，できる子どもたちには意思表示を挙手に統一していく。ユウジ，タク，タクヤだけでなくほとんどの子どもがサブ指導者からの促しを受けて挙手する。

③ 「乗りたい」で乗り込み得になっている子どもがいる反面，タイミングが合わなかったり，スローペースな子どももいる。

　そこで，「待っててね」「次にね」の言葉かけを，誘いかける教師が早めに行うことで，両者へ対応する。怒りだす児童がいるものの，「次ね」でじっと前を見続け次の誘いかけでハッスルするなど，思いを持ち続け，膨らますことができた子どももいた。

C：「待ち時間をなくし，じっくりたっぷりと」行う。

5 授業のコンサルテーションのために

表5-4：学習指導案の「単元設定の理由」における学習者観・教材観・指導観

	内　容
学習者観	小学部1組は，学校教育の入門期にあたる1，2年生10名からなる集団である。認知発達的には，1歳前後から3歳前後ということで，乳児期後半の課題を有する子どもから幼児期の課題を大切にして取り組んでいきたい子どもと，幅のある集団となっている。また，座位や移動手段は獲得しているものの，単独歩行が不可能であったり不安定である子どもから，自分の思い通りに身体を動かし活動することができる子どもまで，活動のペースの違いも大きい。しかし，他者を意識すること，共に活動を楽しむこと，人からの働き掛けを受け止めて活動すること等，発達の基礎となるべき人とのかかわりの面で，共通して幼さや弱さを持っている。
教材観	本単元では，認知発達的にはどのような段階にあっても，基本的には「楽しい」と感じられる体感レベルへの揺れ刺激を題材とした，大型遊具に取り組む。「これ」という実物が提示できることであそびが分かりやすいのではないかとも考える。しかしながら，大型遊具は，対人関係に課題がある子どもたちにとって，楽しんでいても揺れにこもってしまう等，自分の中での「楽しさ」に終わってしまい，人を意識することがかえって難しい場合も多い。本単元では，以下のような利点があげられる「ブランコ」を題材に選ぶことで，大人に気持ちを向け，活動の楽しさを共感することを大切にして取り組んでいきたい。 ・トランポリンや遊園地にある1人用のブランコに比べ，（考えているブランコは）自分では揺らすことができず，揺れを作る「人」が必要。 ・規則的な揺れを作ることができ，揺れに対して見通しが持ちやすい（心地よさと安心感）。反面，その規則性を崩すことも容易で，揺れにやり取りを含めていける可能性が大きい。

	・前後，左右，回転，ねじり，揺れの大きさ等，色々なバリエーションが考えられ，それを人の手で作り出すことができる。 ・乗っている側と待機組が対面になり，そこに指導者が位置づくことで，両者のやりとり（大人対子ども）がしやすい。
指導観	学習を進めていく中で，自分の中の「楽しい」思いに終わらず，共に活動する指導者に気を向け，まず，「楽しい」思いを他者と共感することを大切にして取り組んでいきたい。指導者からの誘いかけに応えてブランコに向かって行くこともちろんだが，ブランコに乗って「揺れ」が始まってしまったら指導者との関係が終わるというのではなく，共に乗った指導者が同じ活動（身ぶり・声など）を促していったり，言葉かけ（合言葉）にあわせて揺れの大きさ（種類）を変えたり，終わったすぐ後におまけをつけたり，ブランコ上に待っている側との関わりを持っていたりと，揺れ刺激の楽しさの中にも人を意識できるようなやり取りを設定していく。また，人からの働きかけがすべてのスタートとなることや気持ちの盛り上がり等を考え，1人乗りのボードではなく，数人（前半では4人，後半では教師席を含め4席）乗りのボードを設定する予定である。

　なお，ここでの「内容」は，学習指導案に「単元設定の理由」として記載されてあるものを，筆者が学習者観，教材観，指導観の分類項に分け，整理したものである。

5 授業のコンサルテーションのために

表5-5：指導計画第1次での授業者集団による授業検討内容

○ 「揺れを作り出す人をどうアピールするのか」について
① 「おまけ」の活動を行う。
　ブランコから降りたらそこで途切れてしまう「楽しい気持ち」をつなげておくことができないか、また、揺れを作り出していた人を意識するきっかけにならないか、ということで、「おまけ」の活動を設定する。
　〈実践してみて〉―「おまけをしてもらってうれしい」よりも、活動の切れ目が分からないことでの混乱になった。また、「なぜ」もう一回なのか、「どうしたら」もう一回なのか、「おまけ」にあるルール的な要素にも混乱した。「楽しかったね」の共感が持てない羽目になった。
② BGMを歌い掛けにする。
　機械音でなく歌い掛けにすることや歌い掛けに合わせて揺れを変化させることで、そこにいる人を意識できないか。
　〈実践してみて〉―始めや終わりの歌い掛けのタイミングが個々の児童のタイミング（予測？）と合わないことも多い。歌い掛けでの変化は歌う人・揺らす人の疎通ができないとできない（リードがとり切れていない）。BGMはBGM（雰囲気を盛り上げる）にすぎない。決まった歌やリアクションではなくそのときどきの言葉掛けの方が、共感しやすい。
③ 言葉掛けをしながら揺れをかえる。「大きくいくよ、せーのーで」「小さくなるよ」「揺れるよ、せーのーで」「じゃあ止まるよ、（カウントダウン）、おしまい」
　揺れを作り出す人がその時々に声を掛けていくことで、意識するきっかけにならないか。また、終わりとはじめにメリハリを持たすことで場を整理し、共感の場を作れないか。
　〈実践してみて〉―言葉掛けで期待するような児童もおり、カウントダウンの後しっかりと「おしまい」を入れていくことで揺れが終わったらすぐ降りようとする児童は減り、共感の場を持ちやすくなった。
　以上の検討の結果、「③言葉掛けをしながら揺れをかえる」という方法が採用された。

表5-6：授業者へのアンケート結果―質問1：他者について（回答者6名）

a：ブランコを揺らす人　　　　　　　　2
b：一緒にブランコに乗る指導者　　　　0
c：どちらとも言えない（a, bの両方）　4（うち1）
　　ただし，bについて，「安全対策及び揺らし手と子どもとの仲立ち程度」と考えていた（1名），「乗っている時に，声かけをしたり，触れたりするので，全く眼中になかったわけではない」（1名），との注記あり。

**表5-7：授業者へのアンケート結果―質問2：
　　　　子どもへ働きかける者の変化の理由（回答者6名）**

A：はじめは，「おまけ」をつかったりして，揺らす人を意識させるべく努力していたが，結局，子どもがなぜもう1回乗れるのか，どうすればおまけなのかに混乱し，「楽しかったね」の共感が持てなかった。そこで，その時の楽しい気持ち，高まる気持ち，怖い気持ち，もっと乗っていたい気持ちをまず共有できることが他者を意識するのには，わかりやすいのではと考えるようになった。そこでの共通体験を通して乗っていない第三者に働きかけることで，より一緒に乗っている指導者との関係を深められるのではないかと感じた。
B：一緒に乗ることで子どもの様子がよくわかるということがあったのが，一番大きな要因だったように思う。また，揺らし手の指導者については，全体の把握をする必要もあり，それならば他者というものを乗り手に絞ってよいのではないかということになったと思っている。
C：学習のはじめは，子どもの体が揺れに慣れたり，大人の方もどうなるかといった変化をさぐるといったことから，乗っている人対揺らす人との関係から始まると思う。ブランコの揺らし方，乗る姿勢等にも工夫の限界があり次の段階，あるいは同時進行として，一緒に乗っている大人同士関わる，そして，待ち席から（への）の関わり方へ進んでいくのではないでしょうか。

D：この遊具では，(揺れを作る人が子どもの) 視界に入りにくいので，働きかけのでどころを (子どもが) つかみにくく，「揺れを作る人」を意識することが難しいと思われる。「一緒に乗る人」であれば，ブランコの上で同じように移動するし，目線も合わせやすくやりとりもしやすくなる。子どもによっては揺れを作る人を「人」と捉えにくいこともある（揺れにこもってやりとりが入らなくなる）だろうし，指導者も働きかけにくい。「一緒に乗る人」の方が，かかわっていきやすいだろうと思われるので，働きかけの中心が移っていっただろうと考える。

E：はじめは，体感レベルでの快感情の中にどれだけ人が入っていけるかということから，「どれだけ人を意識させる揺れが作れるか」を意識していたので，そうした揺れを作るのは揺らす人だからと考えていたのだと思う。けれども，呼名をするのは乗る人であり，「おしまい」を言うのは揺らす人だけれども，そこでできた「間」に乗っている人が言葉をかけたりするなど，揺らす人が揺れを変化させることに絞っていたわけでもなく，「誰と」「どういうふうに」ということを突き詰められていなかった。けれども，単純に揺れの変化が「揺れを作り出した人を意識すること」につながらず，子どもにとっては，そこでの直接的な言葉掛けやリアクションの方が有効的であり，ともに体験した（する）人からの働きかけを大切にしていくことが，ねらいに迫りやすく，揺れの変化はそれを行いやすい状況を作る手助け的なものという押さえになった。第1次での子どもの様子からも純粋に「揺れの変化」で共に楽しんだり，意識したりしているわけではない。

F：第1次では，ブランコに乗っている子どもたちへ「揺れを作る人」をアピールすると共に，「待っている」子どもたちの活動の充実とそうすることで学習の一体感というかうずをねらっていたように思う。共に楽しむことの難しさに対し，一緒に乗っている者とよりも揺らす側（待っている者）とのやりとりの方が取り組みやすかったことも確かであろう。検討を繰り返す中で，またいろいろ試してみる中で，今同じことを体験している者としてその楽しみを共有することの大切さにいかにせまるかを考えていけたように思う。子どもが大好きな取り組みをすすめる中で，楽しみを共有するのはやはり難しい。

**表5-8:授業者へのアンケート結果—質問3:
子どもへ働きかける者の変化への授業批評の影響（回答者6名）**

a:「どうしようか」と悩んでいた時の批評であったから，変化させるきっかけにはなった。担任以外の人からの声を聞くことで，方向を転換するための思いきり，ふんぎりがついた。

b:ねらいに関わって基礎となる「誰と」「どんなふうにしていくことで」についてのあいまいさを指摘されたことで，そこを絞り込むことができた。十分に取り組むことができたとも思えないが，みんなで個々に思っていたことをつき合わせることができた。

c:大切なことであるが，大変なことなので後回しにしていることや全く気づかないことも，鋭く指摘されるので，大切なことに再度向き合って考える機会になる。

d:他者との「共感」ということをどう考えるのかという視点が提示されたことでその具体的な形を検討できたように思う。一緒に活動することの意味（共有体験ということや子どもへの言葉かけの意味・意図）を考えていくきっかけにもなった。

e:「他者を意識する」際の他者がどの位置にいるのかを明確にさせるヒントになった。どちらに力点をおいて授業を展開させていくのかをはっきり分けて考え切れていなかったため，授業中でのやりとりの場面も混沌としていた。また，子どもの様子を拾い，評価していく際にも視点が指導者の中で定まっていなかったので，どの場面でどう評価するのか，頭を悩まされていた。それで，助言を受けて指導者間での話し合いもまとまり，考えも深まった。

f:複数の担任でいろいろのやり方の工夫ができ，こんなこともと思うこともあった。一方，余りにも整理され過ぎていったという思いもあった。

心的な理由となっている（表5-7：A, B, D, F）。

　では，指導計画第1次で授業者集団の中での指導の視点が「揺れを作り出す人」への子どもの意識の焦点化であり，かつ批評においてもはっきりと「『揺れを作り出す人へのアピール』をどうしていくか」という指摘がなされているにもかかわらず，批評の受け取りにおいて，表5-2のeの後半部のように，「一緒に楽しむ」「共感する」「やりとりする」ことが，「揺れを共に体験した者」によって行われるべきだという受け取りになっていっているのはなぜであろうか。

　たしかに，当初は授業者集団は大型ブランコを使用することによって，子どもが自分では揺らすことができないので，「揺れを作る人」が必要であると分析し（表5-4：教材観），指導計画第1次ではこの「揺れを作る人」を子どもたちに意識させることに指導の視点が置かれている（表5-5）。ただ，この「揺れを作る人」への授業者集団での考え方は，いわゆる教材観として教材の特徴から他者への意識づけを論じたものである。

　一方，表5-4の「指導観」にあるように「学習を進めていく中で，自分の中の『楽しい』思いに終わらず，共に活動する指導者に気を向け，まず，『楽しい』思いを他者と共感することを大切に取り組んでいきたい」，あるいは「共に乗った指導者が同じ活動を促していったり，……揺れ刺激の楽しさの中にも人を意識できるようなやり取りを設定していく」という授業意図が存在する。これは，いわゆる指導観として他者への意識づけの手だてが表明されたものである。また，揺れを共に『体験』することが，そのまま「共感する」手だてにならないかというように，共に体験することそのものが手だてであるという捉え方も提出されている（表5-2：f）。

　ここには，「教材観」から導かれる「他者への意識づけ」の方向と「指導観」から導かれる「他者への意識づけ」の方向にズレがある。指

導観は，教材観や学習者観を踏まえて授業をどのように構成，展開させるかについての授業者自身の基本方針である（吉崎，1990）と考えると，この指導観は，「他者への意識づけ」が必要であるとする学習者観には一致しているが，「『揺れを作る人』が必要である」ということを中心においた教材観とは一致していない。しかし，ここでの教材観には「乗っている側と待機組が対面になり，そこに指導者が位置づくことで，両者のやりとり（大人対子ども）がしやすい」という見方も含まれている（表5-4）。

　教材観のこの点を中心に考えると，「共に乗った指導者」への意識づけは教材観においても，指導観と一致したものになる。実際に，授業者集団の指導観として表されている基本方針（授業意図）に一致している批評内容が受け入れられ，それに一致していなかった教材観が一致する方向へ修正されるかたちで，具体的な指導の手だてとして取り上げられている（表5-3：A）。

　授業場面における一連の教授行為（指導の手だて）は教授ストラテジーに基づいて決定されるが，その教授ストラテジーは授業案における「単元設定の理由」として記述されている。そして，どのような指導の手だてを選択するかは，授業者自身が持っている教授ストラテジーの違いによるのである（吉崎，1990）。それゆえ，授業批評者の「単元設定の理由」から読み取った授業意図に合致した批評によって，指導の手だてが変わっていったということができる。このことを授業者の側からみると次のようになっている。すなわち，授業者集団においては子どもたちに意識させたい他者が「ブランコを揺らす人」か「一緒にブランコに乗る指導者」かがはっきりしていない授業者が多かった（表5-6：c）。そして，このことは授業者集団の中にあいまいさを残すことになるが，そのあいまいさを批評によって明確にされたことによって，変化があったと授業者の多くは感じている（表5-8）。

すなわち，授業批評者が授業者集団の中にもともと存在した授業意図（基本方針）を授業案から汲み上げて，それをより明確なものとして，教材観，学習者観，指導観が一致するように批評をする場合に，批評は授業者集団に受け入れられ，意思決定に影響を与えるということができる。実際にこの受け入れられた批評内容は，表5-3のAの共通体験として授業者集団の中で検討され，実際の授業の中で「ブランコに乗っている者同士での『おーい』」や「飛行機」という形での授業者の教授行為（指導の手だて），あるいは子どもたちの学習活動として取り入れる（表5-3：A）という意思決定になっている。意思決定は基本的な教授技術なのである（Shavelson, 1973）。

　次に，「呼名」については，表5-3のBによれば，授業の中で「なぜ呼名されたのかをその都度（子どもに）返していく」ことで，「ほとんどの児童が思いが通った実感を感じている様子」と評価されているが，「言葉の理解のすすんでいる」1名については混乱状態を来したこと，「呼名で思いを拾ってもらえずにすねる子どももいた」ことを確認している（表5-2：a, b）。このように実際に授業の事実として批評内容を確認することを経て，その批評の受け入れが検討されている。

　呼名に関する考えは，「単元設定の理由」の中で授業者集団の側の授業意図として特別に述べられているわけではない（表5-4）。しかし，呼名の場面は，端にいる子どもから単に順番に呼ぶ手段ではなく，子どものやりたいという「思いを拾うため」の重要な方法であることを再確認するとともに，批評から（表5-1：⑧）子どもと授業者とのやりとりのひとつとして大事な場面でもあるとして，指導者間の共通認識になるようにと確認している（表5-3：B②）。

　このことは，呼名という具体的な方法において，この授業の場合には批評によって授業者集団が気づいた，あるいは再確認したことであったが，従来からどのように子どもの思いを拾うかということは，この授業

者集団の関心事であった（A養護学校教育課程検討委員会，1995）。子どもの思いを拾うための大事な方法であり，場面であると共通認識することで，「よく見ててくれたね，〜君」や「ハーイ（身ぶりで）って」のような具体的なやり方を検討して（表5－3：B②），授業に取り入れている。

この場合にもやはり授業者集団の考え方にすでに存在していたことと具体的な指導の手だてを結びつける批評の働きをみることができる。

授業のコンサルテーションのために

これまでに，授業の設計段階や実践段階で授業を改善していくことに影響を与えることが明らかにされている授業批評の語りの形式に関する条件は，

① 要約的でない具体的な事実によること。
② 授業意図や授業目標の達成を支援するものであること。
③ 授業者が気づいていないことについては，それが授業意図を実現するために必要な方法であることを具体的事実によって気づかせること。

であった。

これらのことに加え，ここでの研究の結果は，授業者集団が授業の改善のための具体的な指導の手だてを新たに選択するように意思決定するのは，授業批評の働きが，①授業者集団の指導観を中心とした授業意図を整理し，教材観，学習者観との合理的な統一を図り（授業意図の合理的統一），②具体的な指導の手だてを導くような方向性を示す（手だてへの指示性），と授業者集団において受け取られる場合であることを明らかにした。

6 個別の指導計画から授業づくりへの展開

　盲学校，聾学校及び養護学校小学部・中学部の新学習指導要領の平成14年（2002年）度からの完全実施を契機として，自立活動の指導と重複障害の子どもたちの指導においてだけではなく，養護学校の指導全般において，あるいは障害児学級での指導においても個別の指導計画が作成されるようになってきている。

　わが国では，個別の指導計画や個別教育計画の作成への関心は，1990年代中ごろから高まり始め，新学習指導要領で自立活動と重複障害の子どもの指導に際して個別の指導計画の作成が義務付けられる直前の2000年を過ぎるころには，その作成にかかわる問題点がいろいろと教育現場から聞かれるようになってきた。作成し始めたころは，どのような書式のものがよいのかが手探りであったため，教育現場での関心は，個別の指導計画の書式に注がれていたが，各学校で一様の書式が定まると，別の問題点が挙げ始められてきたのである。

授業づくりからみた問題点

　たとえば問題点としては，「書式に沿って作成することに時間がかかりすぎる」「書き上げることで疲れてしまう」という作成そのものにかかわることや，「作成したが実践に生かせない」あるいは「授業づくり

に有効な個別の指導計画はどのようなものか」といった使える指導計画という視点からのものがしばしば挙げられる。

　今や障害のある子どもたちの教育において，その作成が教育の常識となった個別の指導計画について，『ハイレベルな使える個別の指導計画』というテーマから若干の考えを述べておこう。そのために，本章では「『個別の指導計画』と『授業』における『つながり』」という視点から考えていきたい。役立つ個別の指導計画をつくる上では，できるだけシンプルな具体性のある計画に仕上げることが必要なことである。いいかえると，①的確な実態把握，②明確な目標設定，③妥当な手だての設定，④形成的な評価の実施，⑤柔軟な書き足しなど，がキーワードになると考えられる。

　これらのことを考慮しながら，ここでは「つながり」の視点から以下に論じておこう。

個別の指導計画の項目間のつながり

　授業づくりに役立つ個別の指導計画の作成という観点から，個別の指導計画そのものを点検しておこう。

　たとえば，個別の指導計画の中身をみると，学校によって違いもあるが，昨年度からの引継ぎ事項や諸検査の結果，担任の観察結果などから子どもの実態が記載され，さらに本人や保護者のニーズの記載欄があり，これらを踏まえて長期や短期の指導目標が設定されている。つまり，諸検査の結果や保護者などのニーズに基づいて，今この子どもに何ができるようになってほしいかが記述されているということである。

　しかし，この場合に個別の指導計画を作成する側が注意しないと，客観的な資料だとして，検査結果を重視するあまりに，その子どもにとって今必要なことが目標に挙げられてないことが起こってくる。すなわち，諸検査は，障害のない人に検査課題を与えて「できる―できない」を調

べた集計から平均値を出していっていることが多い。そのために，諸検査の結果だけを目当てに実態把握をして指導目標を立てると，平均値からの偏りに視点を当てた内容を指導目標にしてしまうことになりかねない。

そこで，第一に重要なことは，本人や保護者のニーズと諸検査の結果，昨年度までの引継ぎ事項などから現在の子どもの生活とのつながりを考えて実態把握をし，その子どもと今一緒に生活していくときに必要なことは何か，これから何が必要になってくるかを考えて作成することが重要である。

第二に重要なつながりは，目標と手だて，評価のつながりである。

いうまでもないことであるが，この3つの項目のつながりが弱ければ，指導目標を達成していくような有効な指導は行われない。

授業者において，このつながりを明確に意識した指導をするためには，まず，指導目標を具体的に記述することである。目標を具体的に明確に設定できると，手だても具体的に考えることができ，評価も明確にできやすい。具体的な目標が，行為や技能（スキル）の場合には，必ず子どもの行動のことばで表される。そのように記述された目標は評価しやすく，どのように指導したか，しなかったか（手だて）を検証できるものになる。目標とされる行為や技能は，実際にその行為や技能ができることが重要なことである。指導においては，まさにそのことができるようになることを求めるのである。しかし，どのような指導においても，その行為や技能を子どもができるということだけを求めているわけではない。教師は，その区別をつけて指導目標を立てる必要がある。

たとえば，かつて『特殊教育諸学校小学部・中学部学習指導要領解説―養護学校（精神薄弱教育）編―』の資料「各教科の具体的内容」の生活科に挙げられている「ガスの栓，マッチ，刃物などの危険な物に，むやみに触れない」などは，ひとつの学習の目標とすべき行為として学

習者の行動を表すことばとして表されている。しかし，これは，子どもがこの行為を獲得したとしても，授業者は子どもが危険なものがわかっているというひとつの兆候であると考えるべきである。すなわち，子どものこの行為の学習は，危険をわかっていることのひとつとして考えておくべきことであり，その行動の獲得が学習すべきことのすべてではないということを，授業者は心に留めておく必要がある。

個別の指導計画と授業のつながり

「個別の指導計画を作成しているが，授業づくりへつながっていない」「個別の指導計画を重視した授業はどのようにつくればよいのか」「個別の指導計画に基づいて授業づくりをすると集団のまとまりがつくれない」など，個別の指導計画と授業との間での問題が多くの教育現場で語られている。ある養護学校では，最初のうちは「個別の指導計画に基づいた授業づくり」を研究していたが，途中から「個別の指導計画を大切にした授業づくり」に方向を考え直したというのである。いくら詳細に個別の指導計画を作成しても，授業の展開がうまくいかなければ，その計画は実現しないことになる。

では，なぜ個別の指導計画は授業につながっていかないのであろうか。

個別の指導計画では，教師による観察や検査に基づいた対象の子どもの実態，あるいは保護者及び本人のニーズを書き込み，それに基づいた長期や短期の目標の記載，目標達成のための手だて，その評価の視点などが記載される。すなわち，それらのことについて，場合によっては教師以外の諸専門家の参加のもとに検討された内容が記載されることになる。

しかし，授業づくりのためには，これらの子どものことに関する情報だけではなく，教材についての情報が必要である。これは，授業をそのもっとも簡潔な構成要素からみても教材をはずせないことから，教材に

ついての研究，すなわち教材研究が必要なことを意味している。

　このことは，個別の指導計画の中に教材に関する情報を盛り込むというのではなく，個別の指導計画とは別に，授業については，やはり従来からの授業案の作成が必要ということである。授業案は，教材研究の結果として記されるものである。

　教材研究は，その教材で「教えたいこと」を明確にする教師の研究活動である。この研究活動は，この教材で何が指導できるのか，何を教えることができるのかに始まり，この教材で私が「教えたいこと」は何かに収斂されていく。つまり，教師は，その子どもに「教えるべきこと」を踏まえて，その教材で「教えられること」の中から，「教えたいこと」を明らかにして，教材に沿った具体性によって授業を展開することが重要である。

　私が，最近，研究授業として参観させていただいた授業の中から「ポテトもちをつくろう」の授業を取り上げてみよう。授業の対象は，養護学校小学部3，4年生で知的障害および肢体不自由との重複障害の子どもたちで構成された授業グループである。本時の授業目標の一部は，「粉やジャガイモの感触を楽しみながら，積極的に手を動かす」「手順書を参考にしながら道具を選び，見通しを持って活動する」「フライ返し，はけなどを使って楽しく活動する」というものである。

　この授業では，これらの目標を教えたいこととして，知的障害，肢体不自由，自閉症という障害の特徴と一人ひとりの興味・関心（食欲），これまでの学習経験などを検討して，重複障害の子どもたちとそうでない子どもたちの2つの学習グループをつくり学習活動を行っている。学習活動の主なものを挙げると，「ふかしジャガイモの皮をむく」「イモをつぶす」「イモの入ったボールに粉を入れる」「もちの形をつくる」「ホットプレートで焼く」「砂糖醤油を塗る」「試食をする」である。

　授業案の段階で，子どもたちの食欲をもとに，ふかしたジャガイモを

つぶすという触覚へ働きかけながら，さらにすりこぎやフライ返しという簡単な道具も導入して，子どもによっては手順書を使い一連の学習活動を行うという，教材に沿った具体的な計画が立てられていた。そのことが，子どもが自ら取り組む授業になりえた要因であろう。

7　授業力をアップするポイント点検

教材の点検から始めよう

　本章は，障害児の教育に取り組み始めたばかりの先生たちから2年，3年の比較的経験の浅い先生たちまでの授業力（授業を計画し，実践し，反省し，そして次の授業をよりよく発展させる力）を向上するために書かれたものである。

　ただ，ベテランの先生たちにも今一度基本を確認することで，さらなる授業の充実を図っていただきたいと，筆者はねがっている。そのために，初任の先生からベテランの先生への問いかけという形で始めることにする。

〈初任者からベテランの先生への問いかけ〉

　「本校（養護学校）では，○○訓練，××療法（治療）というのがしばしば行われています。それらについては，それらの専門書を読んだり，講習会で話を聞けば，そのやり方がわかります。また，先輩の先生方に尋ねると，それらについての専門用語も明快に解説してもらえます。でも，養護学校や障害児学級での専売特許である授業に関することをまわりの先生方に尋ねても明確な回答がないことが多いです。たとえば，「授業って何なんでしょうか」と尋ねると，A先生は，子どもとかかわっ

ているときはいつも授業ですといわれ，B先生は，教科の指導が授業ですといわれました。」

〈ベテランの先生から〉

「現在の養護学校や障害児学級で行われていることで，治療や訓練と授業を明確に区別することは難しいと思うのですが，授業力をアップするためには，まず授業に特有なことがらを取り上げて，それらについて実際にいろいろと工夫してみることで腕を磨くことがいいと思います。たとえば，授業づくりをするとき，教材の工夫はかかせないですから，それについて考えてみましょう。」

ポイント1：今日の授業は，「授業になっていたか」とふり返ってみよう。

あなたが行った今日の授業のうち，ひとつを取り上げて，たとえば，「今日の生活単元学習は，授業になっていたか」とふり返ってみよう。「明日の宿泊のために，学校の近所のスーパーマーケットに買い物にいった。」そこで，子どもたちは何を学習したであろうか。その子は，「牛肉はこれ。はい，カゴに入れて」という教師の指示に従って牛肉を買った。しかし，その子は，お肉の売り場で牛肉パックと豚肉パックを見比べて，買うべきお肉のパックを選択する機会はあっただろうか。

今日の授業が「授業であった」かどうかをふり返るために，次の課題を手がかりにしてはどうだろうか。

［課題：授業の基本的な要素は何か。］

授業は，教室で行われる場合もあれば，運動場や作業室でのこともあり，プレールームや農場であったりもする。場面の違いがあるが，授業を構成している基本的な要素を取り出してみると，子どもと教師，それに教材ということになる。この3つの相互関連で授業を説明するのが，「授業の三角形モデル」と呼ばれるものである（横須賀薫，1990）。

教師，子ども，教材は，どれも授業の基本的な要素であるから，授業

づくりをする場合には，それぞれについて，きちんと考える，つまり研究しておくことが必要である。最近，教育現場で「個別の指導計画を立てても，授業に生かせない」とか「個別の指導計画に基づいた授業ができない」などといわれる。それは，個別の指導計画では，指導の長期目標や短期目標を綿密に立てることに比べて，いわゆる教材研究はなされないためである。授業の基本的な要素である教材について，その研究が不十分なのである。

治療に際しても，あるいは訓練に際しても，その対象である子どもの研究は十分になされる必要がある。授業では，さらに教材についての研究が必要である。三角形モデルからわかるように，授業とは，「教材による指導」だからである。

授業が「教材による指導」であるというとき，教師による子どもへの教材の教え込みを意味してはいない。そこでは，授業の基本的な要素のひとつとして教材があり，教材と教師と子どもとの相互作用が重要視されるのである。教材を媒介とすることで子ども自らが教材から教育内容を学ぶことを想定しているのである（太田正己，2003）。それは，教師から子どもへの教育内容の直接的な教え込みではない。子ども自身が教材を解釈するのである。だから，学習活動では，その間（ま）を大切にするのである。

たとえば，「学校の近所のスーパーマーケットへの買い物」にいく場合，先生はお店をどのような観点から選ぶであろうか。

学校の近所の3つのスーパーマーケットのうちから，A店を選んだとする。そこは，3つのお店の中ではもっと小さいが，はじめてスーパーマーケットで1人で買い物をする子どもたちにとって自分の買う品物がみつけやすい，品物や値段の表示が大きくなされている，レジまでの動きが複雑でないなど，その選定の理由が明確であるだろうか。それが，教材研究の結果である。そのような教材としてのスーパーマーケットの

選定によって，子どもが自ら活動し学ぶ可能性も高まるのである。
ポイント2：ひとつの教材で授業をつくりわけてみよう。

　養護学校でも，あるいは障害児学級でも，教材研究の結果として授業実践が行われているわけであって，これまでも教材による指導が行われていないわけではない。その中で，生活単元学習や遊びの指導はもっともしばしば行われている授業である。

　そこで，次に授業力のアップのために，もう少し難しい課題に挑戦してみたい。すなわち，「鬼ごっこ」を教材として生活単元学習と遊びの指導で授業をつくりわけてみよう。

　［課題：教材「鬼ごっこ」で生活単元学習と遊びの指導の両方の授業
　　　　案を書いてみよう。］

　この課題を行うためには，生活単元学習と遊びの指導を区別して考えるところから始めなくてはならない。遊びの指導で題材名「鬼ごっこ」を取り上げ，生活単元学習で単元名「クリスマスお楽しみ会」を取り上げて，授業案（学習指導案）を書き上げるのは，そう難しい課題にはみえない。しかし，同じ教材「鬼ごっこ」を取り上げる場合には，その違いがどこにあるのかを，授業者が明確にもっていなければ授業案を書き分けることは難しい。

　その違いは何か。一言でいえば，単元か題材かの違いである。授業案を書くとき，生活単元学習は単元名であり，遊びの指導は題材名である。そこに違いがある。

　知的障害児の教育現場において，授業者は単元も題材もあまり意識してこなかった（太田，2000）。しかし，単元や題材が教材の単位分けの仕方を表したものであることを考えると，そこに注意が払われてこなかったことは，教材の視点から，授業の展開へ注意が払われてこなかったことでもある。

　これまで知的障害児教育では，指導の形態で教育課程を考えることが

重要であるといわれてきた。指導の形態という捉え方は，たんに教育内容を分類する単位，あるいは領域・教科の内容を再組織するという意味だけではなく，むしろ形態ということによって，指導の方法をも含んだ考え方であるといえる。

では，「鬼ごっこ」という教材をとりあげ，生活単元学習と遊びの指導とで授業案を書き分けるとどのような違いになってくるのであろうか。基本的なことだけを書いてみよう。

生活単元学習で指導計画を書くと，まず，「どのような鬼ごっこをするか」「どのように鬼ごっこをするか」を子どもたちとともに計画すること，話し合うことから始められる（導入も含めて）。いわゆる計画の段階である。

次に，計画に従って，子どもたちが準備を始める。たとえば，隠れ家をつくるためにダンボールをスーパーマーケットにいただきにいく，隠れ家をつくるなどである。これは，準備の段階である。

計画に従った準備が整えば，いよいよ「鬼ごっこ」の始まりである。次の時間は，みんなで「鬼ごっこ」をするということになる。実践の段階である。

「鬼ごっこ」を楽しんだ後は，この活動について，反省することになる。楽しかっただろうか，次にやるときにはどこを変えたらいいだろうか，準備不足はなかっただろうかなど。反省の段階である。

それぞれの段階の内容は，ほかの段階の内容と密接に関連して展開されている。ここには，学習内容の有機的なまとまりがある。いうところの単元である。学習活動が計画―準備―実践―反省という展開をとる有機的な学習内容のまとまりがある。

しかし，自分の学級の子どもたちの様子からみて，様々な支援の方法を考えても，子どもたちが話し合いをして計画をたて，それに従って準備を進め，鬼ごっこの本番をむかえ，その活動を自ら省みるというのは

難しい。そのような学習内容を設定して，指導計画を展開するのは困難だと考える教師もいるであろう。

　そのようなときは，「鬼ごっこ」の実践を毎時間毎時間少しずつ工夫をして繰り返せばよいのである。鬼の扮装を少し変える，隠れ家を増やすなど。計画，準備や反省は教師が行う。子どもたちは，とにかく毎時間楽しく鬼ごっこを繰り返していくのである。

　ここでは，学習内容は実践の段階のものであり，それが繰り返し子どもたちの活動の中に見出されるように学習活動の素材を提供するのである。これが，題材による遊びの指導の「鬼ごっこ」である。

　実際の授業では，生活単元学習にしても，遊びの指導にしても，もっと多彩な味付けがなされていく。

教授行為を点検しよう

　授業力をアップするためのポイント点検，第1回は「教材の点検から始めよう」ということで，授業を構成するもっとも基本的な要素である教師，子ども，教材のうちの教材から始めた。

　第2回では，授業の中での教師の子どもへの働きかけを点検してみよう。授業の中での教師から子どもへの働きかけは，これまで教授行為と呼ばれてきた（太田，2000）。障害児教育では声かけやことばかけといわれている指導のことば（指導言）も教授行為のひとつであり，写真や表情による働きかけ，またジェスチャーによる働きかけなど，いわゆる音声言語によらない働きかけも教授行為である。

〈初任者からベテランの先生への問いかけ〉

　「小学校での教育実習のときや通常学級での授業研究会では，まず，授業者の発問が取り上げられ検討された。しかし，先日，自分が行った養護学校での授業についての研究会でも，以前に参加した障害児学級で

の授業研究会でも発問のことは話題にならなかった。声かけ，ことばかけということばは，私自身よく耳にする。しかし，養護学校などでは発問や説明，指示ということばはあまり使われないように思う。ベテランの先生たちは，授業の中でのことばによる子どもたちへの働きかけをどのように考えておられるのか。」

〈ベテランの先生から〉

「子どもの言語理解の力には，かなりの差がある。しかし，教師が話しかけずに授業を進めていくことはできない。それで，身振り手振り，あるいは実物や写真，絵をみせることを含めていろいろとことばを尽くして，子どもたちへかかわっていく。そのときの教師のことばを教授行為の視点から点検することは確かに大事なことである。」

ポイント1：今日の授業の中で「子どもたちにかけたことばは有効であったか」をふり返ってみよう。

地域のいくつかの小学校障害児学級が集まっての合同学習，ティーム・ティーチングの授業でお好み焼きをつくった。中心指導の授業者は，最初に子どもたちに4つ切りの大きさの写真をみせて，「これは，何かな。知っていますか」と，お好み焼きという返答を求めた。次に，お好み焼きのつくり方を話して，黒板につくり方の手順を書き入れた模造紙を貼った。……というように，この授業は進んだ。

この授業でも教師は，子どもたちへ発問し，説明し，指示し，助言を与えていた。たとえば，このようなティーム・ティーチングの授業では中心指導の授業者は子どもたちへどのように働きかけたのか，特にどのようにことばで働きかけたのかをふり返ってみよう。あるいはその指導を援助したサブ指導者は，その援助での教授行為を思い起こしてみよう。それをふり返るための手がかりとして，次の課題を挙げる。

［課題①：働きかけたことばの中身（機能）を分類する。］

　1時間の授業の中で，教師は子どもたちへいろいろと語りかける。それが積み重なって，1日の中では，教師は本当に多くのことを語りかけている。そのため，のどを痛めて声が出なくなった経験のある教師もいることであろう。

　では，1時間の授業の中で，教師はどのような働き（機能）のことばを子どもたちへ話しかけているのであろうか。授業力をアップするためには，1時間の授業の中で自分が話しかけたのは何を目的にしていたのか，子どものどのような応答を期待して話しかけたのかを分析し，より適切な語りかけはどのようなものかを検討してみることである。

　かつて筆者は，全国国立大学の附属養護学校と障害児学級のある附属小中学校の合計29校から得た研究発表会（公開研究会）における当日の授業案189部の『指導上の留意点』を分析した。

　その結果，教師のことばによる子どもへの働きかけは，声かけとことばかけという用語で表記されていた。しかし，それらの意味内容（使用目的）は，約6割が「行動の指示促進」というものであり，いわゆる指示にあたる使い方であった。知的障害児教育では，教師のことばによる働きかけを声かけ，あるいはことばかけとひとまとめにして呼ぶことが多いが，それらのことばの機能は多様である。教師は，自分のことばの中身（機能）を分類することで，働きかけの目的を再確認してほしい。

　そのために，知的障害児教育では1980年代にいくらか行われたカテゴリー分析による授業研究の中のカテゴリーに見出すことができる教師のことばの項目を参考にしてみるのもよい。たとえば，説明，発問，指示，助言，賞賛などである。これらは，1時間の授業の中で教師がどのようなことばをどのような働き（機能）のものとして使用したかを分類し分析するためにも用いることができる。

[課題②：各教授行為（説明，発問，指示）の意味を調べる。]

　自分の１時間の授業の中のことばを機能別に分類すると，説明や発問，指示などを，どの程度行っていたのかも把握できる。課題①での分類することの意味は，教授行為の正確な量的な把握にあるわけではなく，それぞれの教師があらためて，自分の教授行為のうち，どのような機能のことばを使っているのかを再確認することにある。だから，次には自分のしばしば使っている教授行為の意味を再確認することが重要なのである。

　そこで，たとえば，発問についてその意味や特徴を再確認してみよう。

　養護学校や障害児学級での授業を参観すると，教師が子どもたちに「○○を知っていますか」とか「これは，何ですか」というように問いかけ，子どもが答えると「ピンポーン，正解です」とか「ブー，間違いです」のように応答している場面に出会う。ここでの問いかけは，クイズ的発問と呼ばれ，子どもの知識の有無を問うものである。これは，子どもが意欲的に学習に取り組むことへの働きかけとして意味がある。

　しかし，このような発問にとどまらず，教師は子どもの思考を促す発問も心がけるべきである。そのような発問は思考発問と呼ばれてきたが，これまでのカテゴリー分析的授業研究では，知的障害児の授業の中ではほとんどなされていないことが指摘されている。

　本来，発問をする教師は，授業の中で子どもに問いかけることによって，のちに子ども自身が問題意識を持って問いを発するようになることを願っている。はじめから子どもが問題意識を明確に持って問いかけることは難しいので，教師が子どもの代わりに代理となって問いかけるのが発問の本来的な特徴である。このような特徴から発問を代理問というようにも呼ぶ。

　養護学校や障害児学級の教師は，子どもたちが総合的な学習の時間に「自ら課題を見付け，自ら学び，自ら考え」ることを求め，生活単元学習の中で「生活上の課題処理や問題解決」をすることを期待するが，そ

のつどの授業の中の発問に本来的にそのような働きの特徴があること（太田，2000）を今一度再確認して，発問という教授行為を行ってみよう。

ポイント2：教師の教授行為は，「子どもにどのように受け取られたのか」をふり返ってみよう。

　それぞれの教師が，自分の行った教授行為の主要なものについてその意味の確認をすることも，事典を調べたり，専門書を開いたりでなかなか大変ではある。しかし，そのことは，それぞれの教師がそれぞれの教師の教授行為についてその意味や特徴を知るという基本的なことがらである。さらに，授業力をアップするために，自分の働きかけが子どもにどのように受け取られているのかについて考えてみよう。そのための課題が，次のものである。

　［課題①：自分の語りかけで「子どもに何を思い描かせたいのか」を思い描く。］

　授業をコミュニケーションの過程であるとみなして，授業分析を進める授業研究の方法がある。コミュニケーションの捉え方はいくつもあるが，話し手の頭の中に思い描いたこと（イメージ）を聞き手の頭の中に思い描かせるというように考えることもできる（太田，1997）。それゆえに，まず教師が明確に具体的に伝えたいことを自分の頭の中に思い描くことが重要になる。教師が自分の頭の中に伝えたいことを明確に思い描くことができなければ，聞き手の子どもたちは，なおさら思い描くことは難しい。斎藤喜博（1976）は，早くからこのような視点から授業を考えていた。

　具体的に考えてみよう。たとえば，作業学習でサツマイモの苗を畑に植える場面である。この場合に，教師はどのような手順で苗を植えるかを思い描いてみるのである。すなわち，畝に穴をあけること，ある深さである幅に穴を掘ること，その穴に苗を置くこと，苗の上に土をかぶせることなどである。

［課題②：子どもに思い描かせたいことを，ことばに置き換え説明する。］

しかし，この場合に教師は，子どもが行う様子を思い浮かべることはもちろんであるが，それだけではいけない。子どもがどのようにその作業をするかわかるように説明し，イメージをことばで伝える必要がある。サツマイモの苗を植える場合には，さつまいもをベッドに寝かせるというイメージを伝え，説明することが有効だという実践がある。その説明の一部は，次のように表現されている（小川隆雄，1992）。

「うねにさつまいもの苗が寝るベッドを作ってやってください。こんな狭くて深いベッドではさつまいもが窮屈です。立って寝なくてはいけません。さつまいもが横にゆったりと寝られるようにベッドを作ってやりましょう。……」

このように説明することで，説明後に子どもが活動に移ってもそのイメージを保持していて，最後まで続ける可能性が高いのである。

もし，子どもが教師の思い描いた活動ができない場合に，教師は自らの教授行為（この場合は説明）をふり返り，どこに問題があったのかを検討してみることになる。

子どもの実態把握の視点を点検しよう

一人ひとりの教師の授業力をアップするために，教材から始まったポイント点検は，授業を構成する3つの基本的な要素のうちの2つ目の要素，教師にかかわって教授行為へと移った。

第3回目は，授業における教師の子どもへの働きかけである教授行為の点検を済ませて，そこから3つ目の要素，子どもにかかわって，その実態把握へと目を向けていこう。

〈初任者からベテランの先生への問いかけ〉

「新学習指導要領では，自立活動の指導や重複障害の子どもの指導について一人ひとりの子どもの個別の指導計画を作成することになっていますね。その場合，子どもの長期目標だとか短期目標だとかを書き込んで作成するのですが，それが難しい。また，やっと個別の指導計画をつくっても，毎日の授業に結びつかない。自分もそうですけれど，ほかの先生たちからも同じような話をよく聞く。

指導計画や授業構想は，子どもの実態から出発しないといけないということも指摘をうけるのですが，いったい子どものどのような実態をみていけばいいのでしょうか。」

〈ベテランの先生から〉

「教育課程を編成する場合においても，個別の指導計画を作成するときにも，やはり子どもの実態を把握することが重要だといわれる。とうぜん，授業計画を立てる場合にも，子どもの実態をきちんと把握することは重要である。しかし，実態の把握といってもあまりにも範囲が広すぎる。そこで，授業目標や学習活動にかかわる実態の把握に関して考えてみよう。」

ポイント１：今日の授業の中で，「学習活動は子どもの実態に合っていただろうか」とふり返ってみよう。

ある障害児学級の算数の時間。教育実習生の授業である。学習活動は，大小２種類のソフトボールが混ぜていっぱいに入れてあるカゴから，別の２つの箱に大きいボールと小さいボールを弁別して分け入れるということを行うゲームであった。しかし，子どもたちは，あまり活発にゲームに取り組まなかった。そこで，担任の教師が，子どもの動きを実況放送のように描写し子どもたちに伝えると，少しは盛り上がりをみせたが，

実況放送がとだえると活動をやめてしまった。

授業終了後、放課後に反省会が持たれた。あなたが、この教育実習生の授業の反省会を指導する場合、子どもの実態把握との関連でふり返るとき、どのような視点から反省するだろうか。

［課題①：生活実態の視点から反省してみよう。］

ある教材を取り上げ、数時間あるいは十数時間、数十時間で単元学習を展開するか、題材学習で行うかを決定する場合、子どもの実態をみた上でその授業の展開を考えることが重要である（太田、2003）。

この授業では、題材学習がなされている。教育実習生の授業構想では、ゲーム風に学習活動を展開することで子どもたちが興味を持って取り組むはずであった。しかし、授業構想の段階で考えていたようには子どもたちの学習活動は展開されなかった。実際には、担任教師の実況放送という助けで、なんとか学習活動が進められたのである。

一般的には、学習活動をゲーム化する方法は有効なことが多いと考えられている。しかし、今回は、子どもたちの主体的な取り組みは見られなかった。どこに原因があったのであろうか。

まず、この授業で使用された大小２種類の野球ボールは、みかけは同じで、大きさだけが違っていた。もちろん子どもたちが手に持って重さを比較するという視点があれば、重さの違いは感じられた。しかし、重さという物の属性を比較するという視点は、この子どもたちにはまだ明確ではなかった。みかけ上、大きさだけが違うという意味で、大きさを意識する教材としては適切なものであった。

しかし、カゴからボールを取り出し、大小を区別して別々の箱に入れるだけのゲームは単純ではあるがおもしろみに欠けていた。そのような活動は、彼らの生活の中にはないものであった。また、このようなボール自体、この学習ではじめて扱うものであり、この子どもたちにとって馴染みのあるものではなかった。

かつて，小出進（1982）は，「未発達段階の児童・生徒が意欲的に学習活動に取り組めるようにするには，学習活動を児童・生徒の生活実態に合わせて用意することが必要である」といっている。すなわち，「基本的欲求，発達段階，生活経験，興味，要望，問題意識などに基づく生活行動上の実態を意味する」生活実態の把握が不十分であったということになる。特に，この子どもたちの興味や関心，さらには生活経験，また発達段階を知ることである。教育実習生では，短い実習期間の中では，興味，関心を，ましてや子どもの生活経験などまで知ることは難しいが，教師としてはそのような生活実態を把握しておきたいものである。

　ある養護学校小学部では，休み時間になると，子どもたちが中庭にある禽舎の周りに集まり，草を引っこ抜いては禽舎の金網越しに鳥に食べさせていた。もちろん，担任教師も一緒になってその活動を楽しんでいた。そのころ，算数の授業で大小の概念の学習をすることになった。

　その担任教師は，この禽舎の金網越しの餌やり活動を学習活動として設定することにした。大きなダンボールをつなぎ合わせて，そのところどころへ丸い穴を開けた。その丸い穴は，餌にみたてた大小2種類のボールのうち，小さいボールだけが通過する大きさになっていた。子どもたちは，穴から中を覗きながら次から次へと餌であるボールを入れていった。

　最初は，手当たりしだいにボールを持ってきていたが，その行動を繰り返すうちに小さいボールばかりを持ってくるようになっていた。意識して，穴に適切な大きさのボール餌を選んできたのである。このような自発的な活動の繰り返しの中で，ボールの大小の弁別の学習もスムーズに行われた（三重大学教育学部附属養護学校，1984）。

　やはり，子どもの生活実態を把握することは，重要なことである。最近では，個別の指導計画での実態把握の方法として，生活地図や生活スケジュール表による学校以外での，特に家庭を中心とした子どもの生活実態を把握することも試みられている。

［課題②：「授業目標は子どもの実態にあっていただろうか」とふり返ってみよう。］

　授業を参観して，一見，子どもたちは活発に活動しているようにみえても，よくみると授業目標にせまった学習活動をしていないこともある。そこでの学習活動の内容は生活上で経験しており，興味，関心のあるものであるため，子どもたちは活発に活動していることもある。

　子どもにとって適切な授業の目標を設定することはきわめて重要であるが，難しいことでもある。1時間の授業では，とても子どもの手の届かない目標であったり，すでにその目標にされていることがらは子どもが達成していたりすることもあるからである。

　適切な授業目標を設定しようとするとき，子どもの生活実態の中でも，特に発達にかかわる視点が重要である。すなわち，発達実態を把握することが必要である。

　多くのベテランの教師たちにとっては，1920年代から30年代にかけて活躍した心理学者ヴィゴツキーの「発達の最近接領域」の考え方（ヴィゴツキー，2001）はよく知られたものである。この考え方を基にして，授業での目標を考えてみよう。

　知能テストや発達テストにおける課題は，教示に従って子どもが独力でできたか否かが，合格の基準である。教師は，ときとして子どもが独力でなし得ることだけに目を向けるものである。すなわちどこまで1人で，自分の力でできたかを問題にする。しかし，授業目標を設定する場合には，独力でどこまでできたかだけでなく，友達の真似をして何ができるか，教師の手助けでどこまでできるかなどを知ることが重要である。この独力でできるところが現下の発達水準であり，手助けによってできる範囲にあることが発達の最近接領域にあることがらである。

　授業目標は，すでにできていることを取り上げるのではない。できていることは，子どもがすでにその発達に達成していることであるから，

達成すべきこととして授業目標において取り上げる必要のないことである。一方，子どもがまったくできないことでもだめである。たとえば，だれか学級の友達の真似をしても，そのことができないことがらであれば，とても1時間の授業の中でできるようにはならないであろう。その目標は，手が届かないのである。そこで，発達の最近接領域のことがらを目標にすることである。すなわち，その子どもが1人では完全にはやり通せないことを目標に取り上げるのである。

子どもが1人では完全にはやり通せないことでも，集団の中では他者の影響によってより多くのことができる場合がある。その場合は，集団の中では，子どもが1人のときよりもより高い発達の水準のことができる可能性が高いのである。そして，集団の中で達成可能になったことは，やがて子ども1人でやり遂げられるようになるのである。

「子どもがその課題について求められていることをいくらかは知っているが，課題をうまくやり遂げるのに必要な十分の理解あるいは技能をもっていないこと」を示す反応を芽ばえ反応（ショプラー，1984）と呼んで，ここに教育プログラムの焦点を当てているのが，現在自閉症の子どもたちの指導で有名なTEACCHプログラムである。ここでも，子どもがある課題を独力でできるかできないかという捉え方だけではなく，その間のことに注目している。その課題ができなくても，「子どもがその課題をどんなものであるかとある程度認識している場合とか，部分的に課題を成し遂げたがやり方が変な場合」のことが重要なのである。そのようなことを取り上げ，独力で解決できるように援助するのである。

授業のイメージを点検しよう

教材から始まり，教授行為，実態把握へと進めてきたポイント点検は，今回，教師のイメージワークへと向かう。

授業を行う直前，あなたは，今から行う1時間の授業を思い浮かべ，

子どもの実態から教材・教具，教授行為まで，イメージの中で確認をしているか。授業は，教師の計画通りには進行しないが，計画はきちんと立て準備をおこたってはいけない。授業力をアップするために，授業開始直前のイメージワークによるポイント点検は，とても大切である。

〈初任者からベテランの先生への問いかけ〉
　「ティーム・ティーチングで中心指導を任され，ティームの先生たちと話し合って『乗り物ごっこ』をする遊びの指導の授業の構想ができあがり，授業案（略案）を書いて助言を受けた。当日，いや授業の直前まで教材準備に追われながらも，なんとか当日の授業を迎えた。
　当日の授業は，計画していたようには進まず，途中で教室を出ていこうとする子どもが出てきたり，乗り物から降りなかったりなどと，やってほしいと考えていた活動のすべてはできなかった。自分の指示など，子どもたちへのかかわりも余裕のないものになってしまった。
　ベテランの先生の授業を参観すると，計画通りでない子どもの動きが出てきても，落ち着いて対応している。ゆったりした間（ま）を持ってかかわっている。そのようなことが，参観している者にはっきりと伝わってくる。
　ベテランの先生は，教職経験が長いからだ。そのような一言ですませるのではなく，どのような経験を積めばよいのだろうか。」

〈ベテランの先生から〉
　「たしかにベテランの先生は，落ち着いていて，子どもへの対応も的確なことが多い。しかし，経験が長いからというだけではないようにも思う。どのような経験を長く積み重ねると，授業の中で，子どもへの的確な対応ができるようになるのかを考えることは，授業力をアップするためには大事だと思う。」

ポイント1：授業案を書き，教材準備を終えた授業の直前，「その授業を思い浮かべる時間をとったか」をふり返ってみよう。

　ある知的障害養護学校小学部低学年で，2学期になって，3人の教師のティーム・ティーチングにより6人の子どもたちと行う授業で，初任者が中心になって授業を進めることになった。「乗り物ごっこ」の授業である。前日までに，ダンボール箱をつないで電車の絵を描いた。運転手と車掌の帽子などもつくった。どのように学習活動を展開していくか，どの子どもにどの教師がどのように支援するかなども，ティームの教師たちと話し合って計画した。

　初任の教師は，この授業の計画，準備はかなりできていたと考えていた。授業が始まる直前に，プレールームの準備室に入れておいたダンボールの電車を点検した。そして，その場でこれから始める授業について，自分が運転手になって，車庫（準備室）から電車を子どもたちの目の前に出し，子どもたちを乗せプレールームを走り回る様子を頭の中に思い描いた。ガタンゴトンということばが自然に口から出た。……授業はじまりのチャイムがなった。

　初任の教師は，はじめての中心指導であったが，学習活動についての最初の説明も，一人ひとりの子どもへの対応も落ち着いて行うことができた。はじめての中心指導にもかかわらず，落ち着いて授業を進めることができたのはなぜだろうか，ふり返ってみよう。

　［課題①：今から行う授業を自然に思い描くことができたのは，どうしてであろうか。］

　ほとんどの教師は，研究授業を行うときなどは，授業の前になんらかの形で，これから実施する授業を頭の中に思い浮かべる（太田，2000）。しかし，具体的に思い浮かべることができない教師もいる。

　この初任の教師は，授業を行う前日までにティームを組んでいる教師たちと幾度も話し合い，授業を構想し，教材研究を重ねて当日の授業を

実施している。このようなプロセスの中で授業での具体的な教師の働きかけ（教授行為）を思い描くことができた。

たとえば，授業の始まりは，車庫からガタンゴトンという擬音を入れながら，小走りに子どもたちの前に電車を運転してくる。そして，○○○と説明しよう。電車も，一続きのダンボールよりも，箱を5つロープでつないだものにする。そのほうが，自分の乗る場所が確保されていて，○○君は嫌がらずに乗ることができる。

この初任の教師が，かなり具体的に授業の進行に伴う場面を思い浮かべることができたのは，きちんと教材研究を行いながら，準備を進めてきたからである。きちんと教材研究をすることで授業場面を思い描く場合にも，その情景が具体化されやすいのである。

　[課題②：あらかじめ授業を思い描くことで，授業の中ではどのような効果があるか。]

授業者があらかじめ授業を思い浮かべることは，授業のイメージワークと呼ばれることの一部である。筆者は，授業のイメージワークを「教師がこれから行おうとする授業について，その展開過程にそって自らの頭の中に，教授行為や子どもの学習活動の場面を具体的に思い描き自らと対話することである」と考えている。授業場面を思い浮かべるだけではなく，そのことによって，教授行為の適否などを教師自身が自問自答するところに意味があるのである。

ここでは，授業のイメージワークは，それを行う教師にとってどのような効果があるのかを考えておきたい。

筆者は，かつて現職の教師に実施した調査の結果から，4つの効果にまとめて，考えている。それぞれについて，次にみていこう。

　(A)　スムーズに柔軟に子どもに対応できるようになり，かかわりの質の向上がある。

授業案は授業の計画書という側面がある。授業案を作成することは，

きちんと授業の計画をつくることである。計画を立てたからには，立案した教師は，計画どおりに授業を進めようとする。結果的には計画通りには授業は進まないから，計画書としての授業案の意味は弱まる。極論すれば，計画通りに行かないから授業案は必要ないという考え方が，ここに出現する。教師に計画通りに授業を進めようとする考えが強いと，授業案を作成することで授業での教師の対応に柔軟さが欠けることになりかねない。それでは，授業案を作成することは授業の実施にとって有効ではなくなる。

筆者は，授業案の作成の意味は，作成することによって教師がその授業で何が重要なのかを確認することである，と考えている。その授業での重要な事柄が教師に把握できておれば，計画通りに授業が進まなくても，子どもに対する具体のかかわりでは柔軟に対応できるからである。同じことは授業のイメージワークにおいてもいえる。自問自答的にイメージワークにおいて重要な事柄を把握しておけば，教師は，重要な事柄を判断基準にして予定外の事柄にも柔軟に落ち着いて意思決定し対応できる（太田，1997；2000）。

ある幼稚園教諭は，イメージワークについて次のように書いている。

「私は，イメージワークはいつもします。たとえば，折り紙をしようとするとき，子どもたちの前で折り方を説明したら，この子は立って近づくだろう，そうしたら，他の子が『みえへん！』っていうだろう……。この折り方は，この子にはわかるだろうけど，この子にはわかりにくいだろうから，始める前に前の方に座らせよう。そうすることによって保育はスムーズに進むし，段々とイメージすることと実際の保育が近づいてきているように思う。」

次に，授業のイメージワークの効果として考えられることは，

(B) 指導の手だてに気づくようになる。

ことである。

授業の展開に従って子どもたちの学習場面を思い浮かべていくと，どのように声かけをするのかなど，ひとつひとつの指導の手だてがどのようなことを具体的に予定しているのか，あるいは考えられていないのかが明確になる。具体的な手だてが考えられていない場合には，イメージワークのなかで手だてを行う場面を具体的に思い浮かべることができないからである。逆に展開の順序に従って学習場面を思い浮かべていくと，あれが必要だとか，これを準備し忘れている，ということに気づくのである。

　実際の授業の中で，子どもへの対応がスムーズに行われ，目標に迫るための手だてがきちんと準備されて，教師からの働きかけが柔軟に行われていけば，子どもたちも自らの目標へ迫っていくように学習活動を展開していく。そうすると，さらに次のような効果が期待されることになる。

　Ⓒ　子どもの出来（感想や発表など）がよくなる。

　これは，イメージワークの結果，教師の教授行為がうまくなされたからである。しかし，授業終了後に反省点がないわけではない。よりよい授業を追究するためには必ず反省点がある。その場合に，教師は，自らの授業についてふり返ることができなければならない。そのためには，授業の中で起こったことから，事実について教師は記憶できていなければならない。

　授業のイメージワークを行って授業に臨むと，その教師は，
　Ⓓ　自分の子どもの捉えをふり返るなど，反省がしっかりできるという結果が得られている。

　教師がその授業をふり返るとき，自らの記憶に基づくわけである。しかし，授業のすべてを記憶していることはできない。そこで，イメージワークによって，授業の重要な点が明確にしてあると，記憶する際その重要な点から教師の価値判断が働き，必要なことを記憶していくという

ことである。それは、子どもの発言や表情を記憶する力についての斎藤喜博の指摘でもある。斎藤喜博（1969）は、「その授業でどういう発言を必要とするか、どういう表情はみのがしてはならないかとする教師の価値判断が、不要なものは切り捨て、必要なものだけを記憶するという選択をさせるようになるのである」と指摘している。

教師は、授業力をアップするためにどのような経験をする場合にも、経験をするだけの時間が必要である。授業を始める毎時間の前に数分でもよいから、いまから行う授業について思い浮かべる時間をとることが大切である。

自分の授業研究法を点検しよう

教師は、それぞれによい授業をしようと日々に工夫を重ねている。教材を点検し、教授行為を考え、何度も実態の把握をやり直し、構想した授業をイメージして授業に臨むことにも怠りはないであろう。

そのような日々の取り組みによって、一人ひとりの授業力のアップも行われる。

一人ひとりの教師は、よい授業を行うために、あるいは自らの授業力のアップのために、自覚的か否かにかかわらずそれぞれに授業の研究の仕方を持っている。それは、試行錯誤的なやり方もあれば、書物を読んで理論を適用するようなやり方もあるだろう。

今回のポイント点検は、授業力をアップする授業の研究方法に注目してみよう。

〈初任者からベテランの先生への問いかけ〉

「教育実習のときにも他の実習生や先生方の授業を参観する機会は幾度もあった。自ら教師になってからも校内で研究授業が行われるたびに、その授業の参観を行ってきている。

7　授業力をアップするポイント点検

　ベテランの先生たちの授業を参観すると『上手いなあ』と思うことが多い。自分の授業では子どもの活動や自らの働きかけに気になるところもあるが、そのことを反省的に捉えて、自分の授業づくりへ生かしていくことは難しいと感じる。

　ベテランの先生たちは、これまで自分の授業の力をアップするためにどのように授業を参観し学んできたのだろうか。」

〈ベテランの先生から〉

　「むかしから授業参観が教師の授業力をアップするための研修方法として実施されてきた。ベテランといわれる教師も初任の頃から幾度となく授業参観を行ってきている。校内研修としての授業参観から、大きな規模のものでは全国大会での参観までいろいろな規模のものがある。校内でのものは、ひとつの授業をはじめから終わりまでじっくりと参観するが、同時にいくつも授業が行われているような規模の大きな研究会では、5分おきに次々と参観する授業を変えていくような教師も多い。

　授業力をアップするためには、参観による授業の研究のやり方を検討し、自分の授業研究の方法を持つことはとても重要なことだと思う。」

ポイント1：目の前で授業が行われているとき、「授業の何をみていくか」を考えてみよう。

　ある知的障害養護学校中学部の教育実習生による授業である。この授業では、屋外で生徒たちが2人1組になって、一定の長さ（2〜3m）の竹（モウソウチク）から、そうめんを食べる器を鋸で切り取る学習活動をしていた。

　最初に、授業者は「長い竹を友達と協力して（押さえ役と鋸びき役を分担して）切る」ことを説明した。生徒たちは、役割を交代しながら器を切り取った。でき上がったものは、直径10cmほどで深さが15〜20cmのものであった。1人の生徒が切りとった器に箸を入れてみて、深すぎ

ることに気づいた。その生徒は，もっと浅いものに切り直そうと1人で片手で竹（器）を押さえながら鋸を使うが，うまく切れない。その生徒は，器の置く場所を変えて何度も挑戦するが，切れるように安定した形に固定できないのでうまくいかない。時間が来て授業が終わった。

　この授業は，教育実習生が行っていて，他に数人の実習生と指導の教師たちが参観していた。

　さて，参観者であった実習生たちや実習指導の教師たちは，この授業の何をみたのであろうか。

　［課題①：まず，授業の基本的な要素は何かを思い出して，授業の中
　　　　　　でそれらの要素をみてみよう。］

　授業を構成している基本的な要素は，「授業の三角形モデル」を頭に思い浮かべると，「教師，教材，子ども」だったとわかる。

　そこでまず，「教師」についてみる場合に，教師の教授行為に焦点を当ててみよう。先の例では，「長い竹を友達と協力して切る」ことを説明という教授行為で行ったことである。この場合に，参観では，説明の内容，仕方，タイミング，その長さ（時間），順序，子どもとの距離，教師の体の向きなど，さらに細かくいえば，説明の仕方の中にも，声の大きさ，高さ，速さ，使ったことばなどを捉えることができる。しかし，まずはどのように授業者の説明がなされ，その結果，生徒たちはどのように活動したかということをみることである。

　このことができていると，後に教授行為として説明がよかったのか，発問を入れることが必要だったのかなども検討できることになる（太田，1997）。

　次に「教材」については，教具も含めて，実際にどのような教材・教具が授業の中で使用され，どのような使い方をされているのかをみることである。しかし，あまりに使い方に焦点がおかれるとなると，それは教授行為の視点からみているということになる。教材は，定義的には教

育目的を達成するための文化的素材であるといわれる。それゆえ，教材への視点は，教育目的（授業においては，授業目標）への視点を切り離してみることは意味がない。

「子ども」に関しては，子どもの実態と学習活動という2つの視点がある。授業の中の子どもの様子をみて，その場で子どもの実態を把握するのである。また，どのような学習活動をしているのかもみておくことが大事である。

教師の教授行為も教材・教具も，授業目標もまた子どもの学習活動，子どもの実態もそれぞれをばらばらにみていたのでは，参観の視点としては意味をなさない。それぞれを関連させてみることである。

すなわち，授業目標は，子どもの実態を踏まえたものであるのか。子どもの手の届く目標であったか，あるいは個別の指導計画で実態を踏まえて立てた目標に基づいたものであった，というような関連性である。教材・教具は，子どもの実態を踏まえ，目標につながるものであったかどうか。教授行為は，子どもの学習活動を目標へ導くものであったか。それぞれの視点は，他との関係においてその有効性が明確になるものなのである。

竹の器つくりの授業においては，竹を鋸で切り取るときの友達との役割分担での活動は，それぞれの生徒ができた。しかし，切り取った竹は，器としては深すぎて箸が使いにくく適切なものではなかった。授業者の最初の説明で，役割分担による生徒間の協力はある程度実現されていた。授業目標のひとつに，生徒たちが協力しての活動が挙げられているので，目標のひとつは達成されたと考えることができる。しかし，器をつくるという目標は達成されたとは評価しがたい。器はできあがった。しかし，それは，授業者のイメージしていた深さのもの（深さは，授業案に明記されてはいない）ではない。なによりも実際に生徒たちが使用するには不便なものになってしまったからである。

この授業で行われた説明の内容には，子どもたちがどのような器にするかというイメージ化のプロセスが欠けていた。その結果，例示のような授業になってしまったのである。

　［課題②：参観のとき，授業案をどのように読んでいるかふり返ってみよう。］

　例に挙げた授業の授業案には，どのような深さの器をつくるかということは，明記されていなかった。授業者である教育実習生の念頭にはつくる器のイメージがあったであろうと推察できる。しかし，そのイメージは，授業案の中には書き込まれていなかった。学習活動を説明する場合の留意点，指導の手だてとしても，生徒がどのような深さの器をイメージしたり，考えたりしたらよいかということは書き込まれていなかった。

　しかし，参観者は，授業を参観する前に，この授業案を読む機会があった。そのときに，この授業では，生徒がどのような授業目標のもとに，どのように学習活動をするのかは記述されているので，参観者はどのような深さの器をつくればよいかを予想することはできたはずである。それを基にして，参観者は，その学習活動の場面を想像してみることによって，生徒が適切な深さの器のイメージを持つことの重要さもわかったかもしれない。いわゆる「行間を読む」ことも必要である。

　授業案（学習指導案）が提示されない研究授業はほとんどない。参観者が，その気になれば，授業参観前に配布された授業案から，参観に必要な多くの情報を読み取ることができるわけである。

　［課題③：授業参観の前に，同僚の教師たちと「授業案の読み合わせ」をやってみよう。］

　授業案の行間を読むといっても，初任の教師が簡単にできることではないかもしれない。そこで，学校には多くの同僚がいるから，授業研究する仲間をつくって一緒に授業案を読み合わせることをするといい（太田，2000）。その仲間には教職の経験年数がいろいろと異なる人がいる

のがよい。

　はじめは，授業案の記述で意味がよくわからないところ（用語や文章）を質問し合って，だれかがわかれば答えればよい。読み合わせをしてもわからなければ，研究授業の後の反省会で授業案の作成者である授業者に問えばよいのである。記述の意味不明な点を話し合っている中で授業の中身がみえてくる。

　その授業を参観するときに，どのような教師の働きかけをみていくことが重要なことであり，子どもたちの学習活動のどこをもっとも注意深くみる必要があるか，教師と子どものどのようなかかわりに注意を払ってみることが重要かなど，読み合わせに参加している教師間で話し合うことになる。

　その中で，だれかが次のことを話し出す。どのような竹の器が使いやすいか，そのイメージを生徒が持つにはどのような説明がよいか，深い器に切ったとき，授業者はどうその生徒に働きかけるかなど。授業案の行間を読んだ内容が次々と話題にされることになる。初任の教師は，そのような会話の中で授業案の読み取りや授業の参観の視点を学んでいくことになる。それが，授業力をアップさせるのである。

　最後に，筆者が提案する教育現場での授業研究の方法（ロマン（ROMAN）・プロセス・アプローチ法：略してRPアプローチ法）の視点（表7－1）を示しておくので，授業研究に活用していただければ幸いである。

　（RPアプローチ法については，本書41～48頁など参照。）

表7−1：ロマン・プロセス・アプローチ法の各段階における視点

①読み取り Reading	a．授業者の授業意図
	b．子どもの実態
	c．教材の構造
	d．学習活動と指導の手だてとの関連性
	e．授業者の具体的な評価の基準
②参観 Observation	a．授業目標
	b．教授行為
	c．教材・教具
	d．学習活動
	e．子どもの実態
	f．これらの関連性
③メモ Memorandum	a．授業の「事実」をメモする
	b．授業の核（授業意図実現の中心となる学習場面）を中心に立体的にメモする
	c．参観中の気づき，感想も「事実」と区別してメモする
④分析 Analysis	a．授業意図（目標）と授業行為，教材・教具と学習活動（授業の「事実」）などの関連性の確認
	b．授業者の評価（授業の「事実」）と授業意図の関連性の確認
	c．子どもの実態の確認（授業案の「児童の実態」との比較）
⑤語り Narration	a．最初，授業者の授業意図を肯定して語る
	b．建設的に語る
	c．授業での「事実」を挙げて具体的に語る
	d．理由を挙げて論理的に語る
	e．授業者に敬意を表したことばで語る

8　養護学校の授業実践から学ぶ

授業参観で学ぶ

　参観した授業実践から教師が学ぶことは，授業力を高めていく上できわめて重要な方法である。公開研究会や研究発表会は，教師にとって，他の教師が行う授業を参観し，そこから学ぶ機会である。

　この場合の学び方，学ぶ内容は多様である。ここでは，参観した授業の事実から学ぶ方法，内容として，授業にかかわる基本的なことがらとの関連で授業を分析，吟味するやり方を考えてみよう。

　ここでの授業にかかわる基本的なことがらとは，授業の構想，教授行為（指示，発問，説明，声かけ，ことばかけ，視覚的提示など），子どもの実態把握，教材・教具，評価，授業目標，教材観，指導観，子ども観，授業構想（授業づくりの発想），授業展開，授業過程，学習活動，支援の方法，手だて，学習，思考，イメージ，みたて，つもりなど，である。

　具体的な方法は，授業実践の中で実際に参観したことがらと基本的なことがら（たとえば，発問）とがどのように関連しているのかを吟味するのである。もう少し，具体的に時間経過でいえば，まず，授業案を読み，次に授業参観する。その授業案の読み取りと授業参観を通して，参観者の中に，気になる点がいくつか浮かび上がってくる。その浮かび上がってきたことを基本的なことがらとの関連で分析するのである。

以下は，いずれも公開研究会などで公開された授業に筆者自身が参加し，その例をもとに「授業参観から学ぶ」ことを試みたものである。ここに取り上げさせていただく授業は，同一の学校のものではなく，別々の学校での授業である。それぞれの学校や学部には，それぞれの授業の捉え方，つくり方がうかがえる。

小学部授業：「かさこじぞう」の参観から
(1) イメージと体験
　知的障害の子どもたちを対象とした授業案にも，イメージということばはしばしば登場する。知的障害養護学校小学部で参観した演劇表現活動「かさこじぞう」の授業案（広島県立北養護学校，2004）にもイメージということばが使われていた。そのことばが，筆者の印象に残った。
　授業案の指導観に「今回の物語は，雪が舞台である。その世界を，児童の視覚，聴覚，触覚をゆさぶりながら，イメージをつかませていきたい」とあり，教材観では「雪が物語の舞台となるこの作品は，雪を実際に体験するこの時期にこそ取り組みたいものである」と記されている。この授業公開が行われたのは，2月中旬である。この学校のある地域にも結構雪が降るそうである。子どもたちは，この時期には，日常の世界で，身近に実際に雪をみる，触れるなどの体験ができる。その体験をベースにしながら，この授業を組み立てることが考えられている。
　授業で雪のイメージを取り上げる場合，児童は，雪をみる，触れる体験をベースにしながら，教師からの教材・教具や教授行為を通して，自らの中に雪の心像を描くことが期待されているのである。ただし，心像であっても視覚的なものだけを意味するものではなく，他の感覚を通したもの，たとえば，触覚的なものなども考えられる。

(2) 授業者の「イメージする子ども」のイメージ
　授業を受ける11名の児童のうち，5名の児童の個人目標において，

「雪をイメージし，物語の世界に入る」という表現がなされている。子どもたちの発達的な実態は，明確には書き込まれていないが，児童観の欄に「ストーリー展開を理解し，登場人物の心情を汲み取りながら物語の中に入り込む児童，ストーリーの大枠をつかみ，音楽や周りの動きを頼りに自分の役を楽しむ児童，登場人物に引きつけられたり，自分の興味のある活動を頼りに場面場面を楽しむ児童などである」と表現されている。

他の6名の児童の目標には「雪の世界（紙吹雪や風）の雰囲気を楽しむ」とあり，紙吹雪や風を直接体験することが目標となっているところからすると，この「雪をイメージする」目標の5名は，児童観の実態の記述のうち，「ストーリー展開を理解し，登場人物の心情を汲み取りながら物語の中に入り込む」力のある児童であると，授業者がその実態を捉えていると推測できる。

実際の学習活動では，授業者は，ピアノの音，紙吹雪，パラバルーンの風などによって，子どもたちの視覚，聴覚，触覚へ働きかけ，雪をイメージすることを期待していた。

しかし，果たして，子どもたちは日常の世界でそのような激しい吹雪を体験したことがあるのだろうか。子どもたちの日常の世界での雪の体験とピアノの音，紙吹雪，パラバルーンの風などによる働きかけはどのように「雪のイメージ」の喚起に結びつくのか，授業の中の子どもの様子からは把握し切れなかった。授業者は，子どもの雪のイメージをどのようにイメージしているのだろうか。イメージを授業案に書き込むとき，授業者は，子どもが描くイメージを想定してみることが必要である。

中学部授業：「エプロンのリボン結び」の参観から

(1) 「授業づくりの発想」を学ぶ

ときは1800年代のはじめ，ところはフランスのパリ。少年は，片手

を壺にいれて，もう一方の手のひらには温かい栗を載せられていた。壺の中には，温かい栗と冷たい栗が入っている。先生が手のひらのもの，すなわち温かい栗をつぼから出すように伝える。少年は，手探りであったかい栗を壺のそこに探す。触覚によるものの弁別の学習である。

　ある授業を参観しながら，筆者は先の話を思い出していた。少年の名前はビクトール。先生はかのイタール。そう，『アヴェロンの野生児』の中のエピソードである。

　参観させていただいている授業（東京都立あきる野学園養護学校，2004）では，壺ではなく箱，「？BOX」と呼ばれているものが使用されている。養護学校知的障害部門の中学部2年生の子どもたちの「認知・概念」領域の授業である。生徒は，一人ひとり順番にみんなの前に出てきては，箱の両端から右手，左手をいれて，箱の中で触ったものを写真カードで確認したり，チョコレートの包み紙を解いたり（操作），ボルトとナットを組み合わせたり（操作）していた。操作の場合には，箱の中でやる前に，みながら操作を経験していた。

　このような授業をつくる発想はどこから来ているのであろうか。参観の様子と学習活動略案を参考にして考えてみよう。
この授業の「単元設定の理由」には，次の文章がある。

　　「エプロンの後ろでリボンを結ぶ」など見えないところで操作することが苦手な生徒が多い実態から，本体が見えないものをイメージする活動を通して，日常のいろいろな場面においてイメージ化していく思考のきっかけとなるように本単元を設定した。

　ここから読み取れるのは，この授業は，「エプロンの後ろでリボン結びをする」というスキルができないという実態を分析して，生徒のニーズを「イメージして操作する」ということに結び付けている。そのこと

は，次のように記述されている。

　例えば，「エプロンの後ろでリボン結びをする」場合，誰もが頭の中で今やっている操作をイメージしながらおこなっていることと思う。このように，実際には見ることのできないものを，過去の経験等からイメージし操作したり，それが何かを推察したりする力は，日常生活の中でとても必要とされている。

すなわち，この授業は，スキルのできなさという実態から出発して，授業づくりの発想が行われている。

(2) 「**授業目標**」は，何か

この授業は，子どもたちの「エプロンの後ろでリボン結びをする」というスキルのできなさという実態から出発して，イメージ化していく思考のきっかけを目指している（目標としている）。

この授業は，その略案によれば，次のことが本時の目標である。

① 　みえない物を操作する。

② 　視覚を使わずに，触覚で物をイメージする。

の2つであった。

　本時で到達したのか，すでに到達していたのかは明確でないが，本時の学習活動をみていると，これらの目標となる活動は行われていた。本時は，5時間の中の3時間目のようである（「本時は，5回シリーズの3回目」と記されている）。本時の終わりに授業者は，「次回には，エプロンの後ろでリボン結びをする」ことを告げていた。すなわち，4回目には，この単元の終盤でリボン結びを行うということであり，後ろでのリボン結びができて，単元（筆者は題材と考える）が終わることになる。エプロンの後ろでのリボン結びというスキルの形成がこの単元の目当てになっているといえよう。しかし，授業づくりの発想の中では，スキル

の獲得は，イメージ化による思考の結果のひとつという位置づけであろう。

最近は，スキルの獲得ということで子どものニーズを捉え，授業の目標にすることが多い中で，この授業では，子どものニーズをスキルの形成だけでなくイメージによる思考へと向けられていると考えられる。そのことのよしあしは議論のあるところであるが，今後どのように展開されていくのか興味のあるところである。

授業は，子どもの実態に基づいて，一人ひとりのニーズに応じて構成される。ニーズをどのように捉えていくか，授業づくりの発想はどのような子どものニーズによっているか，考えるヒントになる授業であった。

高等部授業：「らいちょう笛」の参観から
(1) 「子どもの自己評価の支援」を考える

高等部作業学習窯業班「らいちょう笛を作ろう」（富山大学教育学部附属養護学校，2004）での参観である。

一人ひとりの生徒が作業をしながら，製品の「らいちょう笛」がひとつでき上がるごとに，作業日誌に書き込む。書き込むといっても，そこは作業の流れが切れないように授業者の方で工夫がなされている。作業日誌には，ポイントチェック欄があり，生徒がチェックしやすくなっている。チェックすることによって，より完成度の高い製品をつくることができるようになっているのである。チェックして完成度の高い製品をつくることが単元の目標でもある。

作業工程を示す写真の手順表など，いくつもの支援ツールが準備されていて，一人ひとりの生徒自らが活動できるように学習環境が整備されている。作業日誌も支援ツールのひとつである。授業案によれば，作業日誌の中には，「生徒自らが作業量・作業態度を評価できるように，具体的な作業目標・評価欄を設け」てある。授業案の「今までの経過」の

欄には,「作業日誌に製作目標数やポイントチェック項目を入れ,製作の際のポイントを自分でチェックしてすすめることができるように変更した。そのようにしたところ,ボランティアの手直しが少なくなり,生徒が作った製品の完成度が高まってきた」と記されている。

授業終了5分前に,「目標が達成できたかどうか,作業日誌に○△×で自己評価し,発表する」という学習活動があった。そのときの教師の支援は,「自己評価に困っている場合は,作業日誌の目標を確認するように声掛けする」と授業案には書き込まれてある。たとえば,1人の生徒の本時の目標は,「ポイントをチェックしながら,1人で決まった角度で穴を開けることができる」であり,これに対する学習活動は,笛つくりにおける「歌口と吹き口作り」である。生徒の自己評価は,○であった。

この場合に,生徒が具体的に的確に自分の目標に対して評価を行うためには,教師の支援が的確でなくてはならない。教師は,自己評価の場面で「作業日誌の目標を確認するように声掛けをする」だけではなく,むしろその場面以前の「穴を開ける」という学習活動の様子を見届けていることが重要になってくる。実際に参観した生徒の「穴を開ける」学習活動では,3回開け直していたが,笛は鳴らなかった。授業終了後,授業者に聞いたところでは笛のならない原因は,穴を開ける角度が正確でないからだという。

(2) **的確な支援のための見取り**

授業の中で,一人ひとりの生徒に個別に対応しながら,常に全体の動きに目を配ることは,教師にとってきわめて難しいことである。しかし,この授業の中では,3回開け直していた生徒の「1人で決まった角度で穴を開ける」という目標は達成されたか否かを生徒が自己評価できるために,授業者は,笛が鳴らなかったこと,3回穴を開け直したことなど,自己評価の支援の内容(情報)として把握しておくことが必要になる。

その上で,授業者は,この情報を伝えるか否か,どう伝えるかなど,支援の場で決定し,実行することが求められる。
　生徒の自己評価を支援するためには,生徒自身が自己評価する学習活動について,特に授業目標として挙げられているものについては,授業者がきちんと把握することが重要である。自己評価の支援は,自己評価の場面だけでなく,自己評価の対象となる学習が行われる場面でも必要なのである。
　そのためには,継続的な観察が必要であり,観察や指導のための教師自身の動線の整理,把握が必要になってくる。そのことを,あらためて考えることのできた参観であった。

自分の授業づくりの視点への変換
　参観した授業から学ぶことは,ここに取り上げ論及したこと以外にもたくさんある。これらは,自分の授業づくりのときの重要な視点になる。たとえば,学習内容や学習活動と子どもたちの経験,体験してきたこととの関連を考えるという視点は,常に子どもたちの学習活動を構想する場合に必要なものである。また,授業がスキルの形成を目的としたもので終わるのか,認識とスキルの形成の関係をどのように考えるのか,このような視点も授業づくりには重要である。あるいは,授業においても自己選択,自己決定が重要であるが,自己評価とどのようにかかわるのか。どのような授業が自己選択,自己決定,自己評価の力を形成するのかを考えることも重要な視点である。
　授業参観から学ぶことはたくさんあるが,学んだことを自分の授業づくりの視点へ変換し,よりよい授業をつくりたいものである。

9　子どもの自己決定を重視した授業展開

授業における自己決定

　平成14年（2002年）度から知的障害養護学校小学部，中学部でも完全実施されている総合的な学習の時間において，ねらいのうちのひとつに，「自ら課題を見付け，自ら学び，自ら考え，主体的に判断し，よりよく問題を解決する資質や能力を育てること」が挙げられている（文部省，1999）。この中には自己決定や自己選択という用語は出ていない。しかし，課題の発見から解決までのプロセスには，子どもの幾度かの自己決定や自己選択が含まれるはずである。そうでなければ，子ども自らが課題を解決していくことにはならないからである。

　すでに知的障害児の自己決定が論じられるようになって20年余りがたつ（手島由起子・吉利宗久，2001）。知的障害者の教育においてはそれへの対応が遅れてはいる（高垣隆治・池本喜代正，2001；内海淳，1996a）が，現在，若干の実践報告は見出すことはできる。しかし，自己決定に関する授業実践について研究したものは見出すことはできない。自己決定は，理念として語られるものではなく，個々の障害者が自己決定を実践することが重要である（手島・吉利，2001）ことからすると，子どもの自己決定を重視する授業実践に関する研究がきわめて重要である。長澤正樹（2001）も文献を検討して，自己決定に関する指導を早期

に開始する必要性があり，自己決定こそが教育の最終的な目標であることを指摘している。

障害児教育では，従来から子ども一人ひとりを大切にした指導を行ってきた。この一人ひとりを大切にする視点でもっとも重視されなければならないのは，本人参加，本人主体である。指導者側が個別の指導計画を作成し，授業の中で子ども一人ひとりに細かく目を配って指導をしても，本人主体でなければ，指導者が一人ひとりに目を配れば配るほど，ますます本人主体ではなくなる。それはまさに，指導者が子どもの行動ひとつひとつに口を突っ込み，やらせることになってしまう。この本人主体の視点のひとつが自己決定である。

しかし，自己決定を重視した授業を展開する場合，授業者が授業展開の中で押さえるべきポイントは何かについて研究されたことはない。自己決定が障害児の授業研究の視点，特に生活単元学習における授業分析の視点として重要であることは，最近，筆者（太田正己，2000）が再評価しているが，すでに1970年代初頭の生活単元学習の授業研究に見出される（丹野由二，1972）。

そこで，9章では，知的障害教育において，子どもの自己決定を重視した授業を展開するために押さえるべき授業のポイントを明らかにすることを目的とする。

なお，本論において，授業展開のポイントを押さえるということは，一時間の授業における授業過程に沿って授業者が子どもの自己決定を重視した学習活動を設定するための教授行為的視点を明らかにすることである。それゆえ，研究資料としての各授業実践も授業過程に沿って分析することになる。また，授業において自己決定を重視するということは，子ども自身が主要な学習活動や教材・教具の選択，決定を行うということである。

授業実践を分析する

(1) 理論上の授業のポイントの抽出と実践分析の視点の設定

　子どもの自己決定を重視した授業の展開において，授業者が押さえるべき授業のポイントを明らかにしようとする場合，複雑な授業から直接に分析するのは難しい。また，授業実践のみの分析では，その中で行われてきた現状の方法だけを取り上げることになってしまう危険性がある。それを避けるために，まず，ここでは教育の分野において自己決定を論じた理論研究的先行諸論文から理論上の授業のポイントを抽出し，実践分析の視点とする。

(2) 実践分析の資料

　自己決定を重視した授業実践の中では，どのような働きかけ（具体的な指導方法）が実際に行われているのかを分析するために，対象となる実践報告（資料）を抽出する必要がある。自己決定を重視した授業実践の報告は養護学校などの研究紀要，関連雑誌の実践報告などいろいろと発表されている。しかし，実践を任意に取り上げることを避け，できるだけ客観的に分析するために，ここでは1990年（平成2年）以降の『発達の遅れと教育』誌から自己決定・選択をキーワードに検索し，該当の実践報告を抽出し，これらを実践分析の資料とする。

　なお，『発達の遅れと教育』誌は，1956年（昭和31年）に「特殊教育に挺身するものがお互いに学び，お互いにはげましあい，かつ日々の仕事をすすめるための具体的資料を提供するものにならなければならない」という考え方のもとに『精神薄弱児研究』として創刊され（三木安正，1956），1985年（昭和60年）に改題された全日本特殊教育研究連盟の機関誌である。『精神薄弱児研究』は，「研究的なものをという方針で」刊行されていたために「教育の現場から遊離する結果を来たしてしまった」『児童心理と精神衛生』を改題したものである（三木，1956）。このために，長年にわたって教育現場からの実践報告が掲載されている。

実践分析の視点

　わが国における知的障害者の自己決定に関する研究動向を知的障害者が自己決定を現実のものとするための基礎作業として検討した手島ら（手島・吉利，2001）は，自己決定の構成要素として本人主体，参加，プロセス（情報とその吟味），選択権の行使の4つを挙げている。

　このうち，本人主体と参加は自己決定を重視した授業の展開においては，それらがなければ授業において自己決定が問題にならないという意味において前提条件になる。授業の中で自己決定を重視するということは，本人主体と参加が保障されるということであり，このことがなければ，自己決定を重視した授業の展開はできない。

　プロセス（情報とその吟味）は，授業の中では授業者による子どもへの自己選択のための情報の提供といえるものである。これについて，手島ら（手島・吉利，2001）は，「自己決定のプロセスにおいて，知的障害者自身が事柄を理解し，選択しようとするものの長所や短所を吟味するための情報が必要である」として，最適でわかりやすい情報，そのための支援の必要性を指摘している。

　また，選択権の行使のためには，さまざまな選択肢の準備の必要性を述べている。授業の中では，授業者が自己選択の機会の設定をすることにかかわるもので，学習活動において自己選択の機会を設けるということである。筆者（太田，2000）も「子どもたち自らが考え，選択し，決定し，意見を表明していくことができるか否かは，授業者が子どもたちに適切な情報を提供できる準備をしており，子どもの活動を見守り，子どもたちの自己表現を受け入れることが重要なことになる」と指摘している。

　高垣ら（高垣・池本，2001）は，実際に知的障害養護学校中学部の作業学習で「自己選択・自己決定の力を育む授業」を実施し，自己決定の力を育てていく実践を検討している。この実践では，「生徒たちが自分

で決定することの大切さを考慮に入れて，作業学習における授業の流れに合わせた自己決定モデルを想定し」ている。このモデルは，自己認識と自己受容，計画，行動，結果の学習の4つの要素から構成されている。

このモデルにおける自己認識と自己受容は，自己選択のための情報の提供に含まれるものである。ここでは，たとえば，「やりたいこと」（自己認識）や「自分でできる仕事」（自己受容）として自己選択・決定のための情報の確認という形で，自己選択のための情報の提供が行われている。授業の中では，このようにその教材に関して，自己選択のための情報の提供が行われることが考えられる。

しかし，授業では，手島ら（手島・吉利，2001）の指摘のように広く「障害の自己認識」から取り組むことも考えられる。自己認識，自己受容の側面から考える授業者による自己選択のための情報の提供は，「自分で選んだ・決定したという意識」にかかわるものとして重要である（高垣・池本，2001）。このことによって，「まさに，自己決定の中心にあるのが自分自身（生徒主体）である」ということにつながると考えられるからである。これは，手島ら（手島・吉利，2001）の本人主体，参加という自己決定の構成要素と同じである。

この「自分で選んだ・決定したという意識」は，自己決定感であり，自己決定を重視する授業ではきわめて重要なものである。「自己決定感とは，「何を」「どのように」「どこまで行うか」について，その人が自分の意志で決定している体験である（嶋田洋徳，1995）。この自己決定感に基づいて，子どもは決定したことを実際に遂行するための手続きを始めるからである。それが，次の計画，行動という要素になっている。計画，行動については，授業の展開では子ども自身による行動の選択から計画，遂行として自己決定したことの実行へとつながっていく。次に挙げられているのは自己決定し，行動遂行したことの子どもによる「結果からの学習」である。ここでは，子どもの自己決定に至るプロセスか

ら自己決定後の行動の遂行，その結果のフィードバックまでを捉えているのでかなり複雑な過程である。

内海（1996b）は，自己決定と本人参加を自己決定の中核的要素である子どもの選択に置き換えると，具体的かつ実践的な支援の手がかりがつかめると指摘している。その上で，学習支援の課題は，選べる状況づくりが基本になるだろうとして，「そこでは，①個人の尊厳という意味で本人の選択・決定や参加を尊重する，②選べる状況の中で選ぶ経験を重ね，選ぶ力を形成するという2つの視点から検討することが求められる」と述べている。すなわち，選択のための機会の設定をして，とにかく子ども自らが選択する経験をすることである。そして，重要なことは，その選択の結果の良し悪しがどうであったかということよりも子ども自身が自己決定したことを尊重することである（嶋田，1995）。

知的障害教育の授業づくりにおいては以上のように，授業者が，①子どもに自己決定に関する情報を提供し，子ども自身が自己選択，決定するための機会を設定すること，②子どもに自己決定の結果の良し悪しを問うのではなく，決定したことそれ自体を尊重すること，の重要性が指摘されている。このことに加えて，通常の教育では，その自己決定の結果に伴う責任を子どもに自覚させることが必要である（石橋昌雄，1995；石崎一記，1995；嶋田，1995；滝充，1995）ということも指摘されている。

ここでは以上の点を踏まえて，自己決定を重視した知的障害児の授業実践を分析し，授業の展開のポイントを捉える視点として，①自己選択，決定のための情報の提供，②自己選択，決定の機会の設定，③自己選択・決定の尊重の表明，④自己決定の結果と責任の通知，の4つを抽出する。次に，この4つの視点から知的障害児の授業実践を分析し，4つの視点に関する具体的な指導方法を検討する。

4つの視点からの分析の試み

　1990年（平成2年）以降の『発達の遅れと教育』誌では，まず遠山文吉の実践が挙げられる。遠山（1992）は，「思考し，自分の意思で選択できる力を育てる」ことに焦点を当てて行った音楽の授業を報告している。この実践は，知的障害児の生活状況の観察から，この子どもたちは「周囲の大人の指示に従った行動は比較的多くあるものの，子どもが自分で考え，選択・判断し，あるいは決定して取り組む行動や，その場面が意外に少ない状況にあることがわかる」という認識に基づいている。

　その背景の問題点として，「①子どもの中に，その場の状況に即して事物を考えるために必要な，〈基本的な認知力〉が十分に育っていないこと。②子どもが自分で考え，行動に移す場の〈体験の不足〉が原因となっていること」，そして，基本的な認知力については，さまざまな学習場面での指導の必要性を，体験の不足については「子どもを取り巻く大人が意図的に場を設定」することを指摘している。これは，かつて辻村泰男（1966）が「自分のために，自分で判断し，自分で手を出し，自分で足を運ぶ」知的障害児を育てるために知的障害児の教育の再考を，といったことに共通する認識である。

　この授業において，自己決定に直接的にかかわる報告は，「すべての子どもに共通して重視したねらい」のひとつである「提示された幾つかの楽器の中から，自分の好きな物を選択できるようにさせる」についてである。そのための指導方法が4つ挙げられている。

　その1は，「各楽器に対して，視覚・聴覚・触覚等の各感覚を働かせたかかわりを十分に体験させた後，子どもたちに，数種類の楽器の中から，自分の好きなものを選択させる場を設定する」。

　その2は，演奏の「曲が終了するごとに楽器の選択の機会をつくるようにする」。

　その3は，「大きな楽器とのかかわり場面においては，個々の子ども

に"次に自分が前に出て楽器を演奏する"という意思表示をするように促す」。

その4は,「和太鼓等の演奏の場合に,数種類のばちでの演奏を聞かせた後に,子どもたちにばちを選択させる」である。

ここでは,学習活動の中に数度にわたり「自己選択の機会の設定」をするということ,「選択のための情報の提供」をするということが明確にみて取れる。ただし,ここでの「自己選択のための情報の提供」は,子どもの実態からして,楽器などをみる,聴く,触るなどの感覚刺激的なことによる体験的な方法である。しかし,自己決定の尊重の表明や自己決定の結果と責任の通知が行われているか否かは明確でない。

鯨井計洋(1994)は,高等部生徒が主体的に取り組む作業学習を報告する中で,生徒の希望を尊重して作業班の所属を決定することを重視している。「1年生の作業学習では,作業班の所属を決めるにあたっては,まず,2,3年生の作業学習の様子を見学する」こと,「2,3年生は作業学習を経験しているので見学はせずに希望だけを聞く」ことを実施している。また,作業工程の担当も生徒の希望を尊重して決めている。

具体的には,作業学習が始まる当初(4月)には,生徒にすべての工程を経験させて,その後に「自分の希望をだしたり,自分で希望を言えない友だちのことを考えたりしながら,各自ができそうな工程の分担を決めていく」。ここでも,すべての工程を経験させる,また様子を見学させるなどの体験的な「選択のための情報の提供」が行われている。

ただし,この報告では,生徒が最終的に決定したのか否かは明確ではない。売上金の管理や販売も生徒の手で行うようにしている。ここでは,「教師は,おつりのまちがいがないかの確認はするが,販売の主役は生徒になるように心がけている」。このことによって,自己決定の尊重が行われていると考えられるが,自己決定を尊重していることを子どもに表明しているか否か明確になっていない。

志村克美（1994）の高等部での単元「年忘れお楽しみ会」の実践では、「『自分の活動は自分で選び、決定する』という、もっとも基本的なことがわすれられていたのである」という教師の反省から、「生徒みずから決定し、活動するということ」を模索している。そのためにまず、担当者間での確認として「活動内容は生徒の希望で決定する」「係分担も選択肢を工夫し、できる限り生徒が選ぶ」「運営も生徒に任せられるように実行委員会を結成する」ことが挙げられている。

実践の結果、「年忘れお楽しみ会は、年忘れという意義にはちょっと希薄な面はあったが、生徒がそれぞれ、自分で決めた活動に参加し、盛り上がりを見せ、終わった」。単元の1時間目にオリエンテーションが行われているが、結果からすると、「年忘れお楽しみ会」についての情報がうまく伝えられなかったのかもしれない。すなわち、「自己選択のための情報の提供」にはさらに工夫がいるといえよう。活動は自分で決められているので、「自己選択の機会の設定」はなされている。そのために、短期間の実践ではあっても、「活動に対する生徒の意識が、『～であったらいいな』というおぼろげな期待感から、『やりたいことを自分で決めて参加し、やればできる』というきわめて現実的なものに変わってきたことである」。

このことは、「自己決定の尊重の表明」の有無は不明であるが、結果的に子どもたちには「やりたいことを自分で決めた」という満足感によって自己決定が尊重されていることを示している。この実践では、自己決定の機会の設定がこれまでいかに不十分であり、その機会が設定されれば、生徒は変わることを示している。しかし、どのような情報を伝えるかということに問題がみられたということであり、また、自己決定の結果に伴う責任には触れられていない。

横山孝子（1994）の報告は、中学部の29名の「生徒が自主的に取り組むクラブ活動」についてである。クラブは、サッカー、まんが、太鼓

の3つからなっており，どのクラブに入るかは，生徒が自分で選択する。生徒がみずから選び決定する場として「クラブ説明会」がある。これに,「各クラブ担当の教師たちは『いかに生徒の心をとらえ，引きつけるか』工夫し説明に臨んだ」。そして,「自分で決めたことを確認するため，かける生徒は自分で希望用紙に記入した」のである。やはりここにも,「自己選択のための情報の提供」がなされ,「自己選択のための機会の設定」がなされている。

しかし，やはり「自己決定の尊重の表明」と「自己決定の結果に伴う責任」に関しては明確には記述されていない。

河合弘之（1994）は，生活単元学習で劇「ユーレイ皿屋敷」の実践を報告している。ここでは，配役を立候補とオーディションで決めている。そのために「まずは教師がモデル演技を見せ，役柄や流れを大まかにつかんだあと，自分のなりたい役に自分で立候補していく」という方法を取っている。しかし，同じ役に複数の立候補がある場合もあり，子どもたちの中に心の葛藤が生じたが，結果的にはピッタリの役になった。それは，教師の考えていた配役とは違うものであり，教師にとっては子どもたちの一面しかみていなかったことになると反省されている。

ここでは，教師のモデル演技による「自己選択のための情報の提供」が行われ，配役への立候補とオーディションによる「自己選択の機会の設定」が行われている。

この立候補とオーディションは,「いくつかの役に立候補者が出そろうと，だれがピッタリの役なのかをみんなで見て適役を判断し，決めていく」というものであり,「息詰まるような緊迫感」があった。すなわち，この場合には，子どもにとっては自己選択のための情報の理解，特に高垣ら（2001）の自己認識，自己受容に関する情報の理解とそれによる自己決定の結果への通知がすごい緊迫感の中でされていたといえる。

自己決定を重視した授業展開

　知的障害者の自己決定を重視した授業展開では,「①自己選択,決定のための情報の提供」については,子どもに実際に体験させることによって,選択に必要な情報を伝えようとしていた。このような体験的な情報の提供は,作業班の決定での作業の見学やクラブ説明会での教師の魅力的な紹介をみることにも共通するものであった。これらの実践以外にも,子どもたちに実際の仕事の様子をみせることによって仕事内容を紹介するという報告がある(船橋秀彦,1993)。

　また,このような体験的な情報の提供による自己選択は,かなり以前の実践にも見出すことができる。たとえば,三重大学附属養護学校中学部,高等部のつくる学習(三重大学教育学部附属養護学校,1977；1979)において「自分のつくりたいもの,自分でつくれそうなものを選んだり,発表したりする」ために,「生徒たちに興味ある作品が数種類提示され,使用体験,素材体験を」させるという場合である。

　「②自己選択,決定の機会の設定」については,1時間の授業において,学習活動として複数回の選択の機会を設定することが試みられているものもあった。授業の中で複数回の選択の機会が設定されている場合は,楽器選択のような,楽器を使用しての学習活動が短い時間で行われるものである。しかし,選択によってその後の学習活動が長時間行われる場合,たとえば,劇の配役やクラブ活動の種類などは,単元の最初に選択の機会がおかれていた。

　また,このことは自己選択の結果が学習活動の時間の長短にかかわるだけではなく,その選択が子どもの心の葛藤を伴い,心の奥深くまで迫る(河合,1994)ものであるか否かにかかわっている。たとえば,就労選択時における自己決定がその後の就労継続や労働(就労)意欲に与える影響が大きい(須田正信・黒田健次,1996)のもそのひとつである。

　しかし,「選べる状況の中で選ぶ経験を重ね,選ぶ力を形成する」(内

海，1996）ことが重要であるから，いつも，あるいは最初から心の葛藤を伴い，心の奥深くまで迫るような選択機会である必要はない。また，選択の機会を設定しても，教師が急ぎすぎて自らの見解を押し付けるようになってしまってはいけないことはかなり以前から指摘されている（丹野，1972）が，授業者は十分気をつけなければならないことである。

　福井大学附属養護学校では，1996年（平成8年）から選択活動を行っている（福井大学附属養護学校，2000）。それに関する報告の中で，小学部から高等部までを縦割りで活動班を構成し，各活動班では，たとえば「ログハウスを作ろう」などの計画を立てて活動を進めている。この場合，子どもにとって選択は，活動班の所属の選択と活動の中でやりたいことをみつける，という2つがある。これらの選択に関して，自分自身でどの程度選択できたか，その割合が示されている。それによれば，学部が上がるに従って，子ども自身で選択できる割合は上昇し，高等部では，80%近くになっている。

　「③自己選択・決定の尊重の表明」については，報告の記述では明確に認められなかった。ただし，自己決定の尊重は，子どもに自己決定を任せるということにおいてすでに尊重されている。やり方は自分で工夫させるなど，子どもの自己決定を尊重する対応は可能である（石崎，1995）。また，選択された活動を評価するということで尊重されていることは，報告から読み取れた。しかし，ここでは，教師が尊重を表明することが重要である。やはり，子どもに尊重していることを伝えることである。

　それは，自己決定が知的障害者には高度の課題のように思われがちであったこと（高垣・池本，2001）や，自己の生き方につながる選択や決定については，長い歴史の中で，それが知的障害者にできないものであるかのごとく位置づけてきた観がある（須田・黒田，1996）。そのような見方は，教師の中にあるのであり，それゆえに知的障害児もそのよう

に扱われてきたのであるから，ことさらに自己決定の尊重を教師は子どもに表明しなければ，そのような見方は変わっていかないと考えるからである。

「④自己決定の結果と責任の通知」についても，報告に明確に表記されてはいなかった。このことに関して，石橋（1995）は，通常学級での生活科（2年生）の授業について報告する中で「決めたことをふりかえらせて責任を持たせる―自分の決めたことを常にふりかえる場面を設定する」と述べている。知的障害児の授業の中でのふり返りは授業のまとめにおいて教師主導でしばしば行われる。しかし，自己決定への責任の自覚ということで行われることは，先の実践報告の中では見出せなかった。決めたことをふり返るためにはその方法に工夫が必要であるが，自己決定への責任は考える必要がある。

先の報告以外で，船橋（1993）は，自己決定を重視した授業では，評価の視点が変わることを述べ，「自分で選んだ仕事に対しては責任をもってやろうとしていた」という評価の言葉を上げている。そして，別のところで「自分で決めたことの裏返しとして，責任感の力を育てること，それらの結果として生きる自信が培われることなどが，わかってきた」としている。しかし，自己決定した子どもが責任を持てていることを，どのように子どもに伝えるかまでは言及されてはいない。このような実践もあるが，多くの場合には③，④については，自己決定を重視した知的障害児の授業の展開の中では，教師の中で明確に意識されて実践されているわけではない。

以上のように，自己決定を重視した授業づくりでは，まず，「自己選択の機会の設定」を行い，体験的に「自己選択のための情報の提供」を行う工夫をし，子どもが自己決定したときにその「自己選択・決定の尊重の表明」を行い，「自己決定の結果と責任の通知」を行う工夫をすることが重要である。そのことによって授業の展開はこれまでとは違った

ものになり，自己決定を重視したものになる。

あとがき

　教師の専門性を高めることを求める発言は，しばしば聞かれる。しかし，どのようにすれば専門性が高められるのかまで突っ込んだ指摘は少ない。教育センターなどで開催される研究会や研修会に参加するのもそのひとつであるが，そのような機会はそうそう得られるわけではない。教室に子どもたちを残して，しばしば研修に出かけることは難しい。

　毎日の実践をふり返ることは，教師個人で行えることである。その場合にも何をどのようにふり返るのか，振り返るためには実践のどのようなところを捉えておく必要があるのか。そのことを知っているのとそうでないのとでは，同じ時間を反省にかけても効果は違う。

　教師の授業力を高める方法として，どの教師にも年間に何度かその機会があるのが，授業参観である。本書では，授業をみることの重要さについて何箇所も触れているし，授業の何をどのようにみるのかも提案してきた。何をどのようにみるかがわかれば，みえてくることも違うのである。

　筆者は，専門にしていることが授業づくり，授業研究であるために，養護学校が学校全体で授業改善に取り組む研究に参加することもある。授業研究のために，1年間に何度も学校に出かける。授業案を読む，授業を参観し，研究会で話す。その学校の先生たちもその繰り返しである。その繰り返しによって，先生方の授業案は変わり，授業展開が違ってくる。研究会での先生方の話す内容が違ってくる。それは，参観しているところ，いわゆる目の付け所が変わってきたからである。

本書では，全体を通して，教師が毎日の授業づくりで行っていることを中心にして，その授業づくりのひとつひとつの活動を新たな視点から振り返ることを提案したつもりである。だから，日々の授業づくりの中で，すでにある程度できていること，行っていることが多いかもしれない。そのようなことを自らの授業づくりのポイント点検として，さらに徹底する，あるいは深めていただくということになる。

　しかし，よりよい授業づくりを，すべて教師個人の努力にのみ求めることは，限界があることも確かである。そこで，従来の授業研究会を組織してよりよい授業を研究するという方法もあるが，校内に授業づくり支援システムをつくりあげることも考えられる。これは，特別なシステムをつくりあげるのではなく，たとえば，特別支援教育では，小学校などの中に校内委員会を設けて，学習障害，注意欠陥/多動性障害，あるいは高機能自閉症の子どもたちの実態把握や指導に関して専門家を交えて対応していくことが考えられている。この中で，実際の授業にまで踏み込み具体的な授業の進め方を検討することもできる。

　このような授業づくり支援システムの中では，ベテランの教師は，授業づくりについてコンサルテーションを行う立場に立つことも考えられる。その場合に，本書では，授業コンサルテーションについて書いた内容が役立つと思う。従来の授業研究では，批評を受けた授業者が拒否感情を起こす場合もみられた。それでは，授業研究の結果が授業の改善にはつながりにくい。授業が改善されるためには，研究授業を提供した授業者が，自らの授業意図が肯定され，授業意図に即して授業研究がなされていると感じることが重要である。そのことは，授業のコンサルテーションにおいてこそ，生かされるべき方法である。

　本書では，これらのほかにも，個別の指導計画や自己決定，養護学校

あとがき

での一日体験についても取り上げた。

　通常学級に在籍する軽度発達障害の子どもたちについても，個別の指導計画を作成して授業に取り組むことが重要である。しかし，すでに個別の指導計画を作成して授業を行っている養護学校などでは，その個別の指導計画が授業につながらないことがしばしば問題になっている。その問題点を克服しつつ通常の学級での授業づくりを行いたいものである。

　また，自己決定を大切にした授業をどのように展開するか。このことも難しい事柄であるが，現代の教育にとってきわめて重要なことでもある。養護学校での通常の学級の教師の一日体験は，障害の理解にとって意味のあることである。特別支援教育が有効なものとなり得るか否かは，まず教師の障害の理解にかかっている。

引用文献

1

- 特別支援教育の在り方に関する調査研究協力者会議『今後の特別支援教育の在り方ついて（最終報告）』2003。
- 文部省『特殊教育諸学校小学部・中学部学習指導要領解説―養護学校（精神薄弱教育）編―』東洋館出版社，1991。
- 文部省『盲学校，聾学校及び養護学校学習指導要領（平成 11 年 3 月）解説―自立活動編―（幼稚部，小学部，中学部，高等部）』海文堂出版，2000。
- 上野一彦編『学級担任のための LD 指導 Q&A』教育出版，1999。
- 学習障害及びこれに類似する学習上の困難を有する児童生徒の指導方法に関する調査研究協力者会議『学習障害児に対する指導について（報告）』1999。
- 緒方登士雄「ウォーノック報告」小出進編『発達障害指導事典』学習研究社，1996。
- 宮本茂雄編著『授業』学苑社，1983。
- 真城知己『特別な教育的ニーズ論―その基礎と応用―』文理閣，2003。
- 小竹健一「紀要第 16 号あとがき」『京都教育大学教育学部附属養護学校平成 15 年度紀要　子どもの主体的活動を引き出す授業づくり』2003。
- Selikowitz, M.: *ALL ABOUT A.D.D.: Understanding Attention Deficit Disorder*, Oxford University Press, 1995.（中根晃他訳『ADHD（注意欠陥多動性障害）の子どもたち』金剛出版，2000。）
- 斎藤喜博『私の授業観』明治図書，1984。
- 太田正己『深みのある授業をつくる―イメージで教え，事実で省みる障害児教育―』文理閣，1997。
- 向山洋一『授業の腕をあげる法則』明治図書，1985。
- 大西忠治『授業つくり上達法―だれも語らなかった基礎技術―』民衆社，1987。
- 石井順治『授業づくりをささえる―指導主事として校長として―』評論社，1999。
- 太田正己編著『障害児のための個別の指導計画・授業案・授業実践の方法』黎明書房，2003。
- 富山大学教育学部附属養護学校『平成 15 年度研究紀要　一人一人の教育的ニーズに応じた支援はどうあるべきか―個別の指導計画・支援ツール・児童生徒を取り巻く環境―』2004。
- 小出進「働く力を育てる学校生活」信州大学教育学部附属養護学校著『実践働く力を育てる―生活単元学習の発想を生かして―』学習研究社，1983。

2（アルファベット順）

- 浅場清「地域のセンターとしての盲・ろう・養護学校との連携」全国特殊学級設置学校長協会編『特別支援教育時代―変わる学校―』三晃書房，2002，58-59。
- 二俣美紀「障害児学級担任教師と通常学級担任教師の交流教育に対しての意識に関する一考察」京都教育大学発達障害学科平成13年度卒業論文，2002。
- 冬木邦二「交流教育の新たな展開」『発達の遅れと教育』501 (5)，1999，25。
- 早野眞美「養護学校・福祉施設等の体験研修が通常学校の教員に及ぼす影響―交流教育理解を中心として―」京都教育大学大学院教育学研究科平成15年度修士論文，2004。
- 岐阜県立飛騨養護学校中学部「農林高校との交流をとおして」『発達の遅れと教育』504 (8)，1999，8-11。
- 角田禮三「交流による指導の実際―『生きぬく力』を培うために―」『障害児の授業研究』43，1993，16。
- 近藤益雄『この子らも・かく』（著作集3），明治図書，1975。
- 黒沢一幸「交流教育のこれまでとこれからの推進」『実践障害児教育』314 (8)，1999，20-23。
- 栗原一博「通常校教員の体験活動がベース」『実践障害児教育』321 (3)，2000，6-7。
- 教育課程審議会「幼稚園，小学校，中学校，高等学校，盲学校，聾学校及び養護学校の教育課程の基準の改善について」大南英明解説『盲学校，聾学校及び養護学校学習指導要領』時事通信社，1998，225-306。
- 溝口脩「交流教育の現状と問題点」『佐賀大学教育学部論文集（Ⅰ－Ⅱ）』1990，63-86。
- 宮本茂雄「特殊学級を見直す」『精神薄弱児研究』556 (3)，1981。
- 文部省『養護学校小学部・中学部学習指導要領精神薄弱教育編』教育図書，1963。
- 文部省『特殊教育諸学校小学部・中学部学習指導要領』慶応通信，1971。
- 文部省『養護学校（精神薄弱教育）学習指導要領解説』東山書房，1974。
- 文部省『盲学校，聾学校及び養護学校小学部・中学部学習指導要領』慶応通信，1979。
- 文部省『小学校学習指導要領』大蔵省印刷局，1989。
- 文部省『小学校学習指導要領』大蔵省印刷局，1999。
- 文部省『盲学校，聾学校及び養護学校学習指導要領（平成11年3月）解説―総則等編』海文堂出版，2000。
- 21世紀の特殊教育の在り方に関する調査研究協力者会議『21世紀の特殊教育の在り方について――一人一人のニーズに応じた特別な支援の在り方について―（最終報告）』2001。
- 清水敬「今，なぜ交流教育なのか」『実践障害児教育』321 (3)，2000，2-3。
- 田村真一「居住地校交流に関する調査研究」『SNEジャーナル』4，1999，96-111。
- 特殊教育総合研究調査協力者会議「特殊教育の基本的な施策のあり方について（報告）」1969，文部省特殊教育課特殊教育研究会編『特殊教育必携―第三次改訂』第一法規，

- 1993, 67-83。
- 冨田富美子「交流による指導の実際―留意していることと改善点」『障害児の授業研究』43, 1993, 10。
- 吉利宗久「インクルージョンに対する教育関係者の意識と態度―アメリカ合衆国における研究の動向―」『特殊教育学研究』41（4），2003，439-448。

4

- 稲垣忠彦『授業研究の歩み―1960－1995―』評論社，1995。
- 藤岡完治「仲間と共に成長する―新しい校内研究の創造―」浅田匡他編『成長する教師―教師学への誘い―』金子書房，1998，227-242。
- 佐藤学「カリキュラム研究と教師研究」安彦忠彦編『新版カリキュラム研究入門』勁草書房，1999，157-179。
- 清水貞夫「精神遅滞児の授業研究（試論）―どのようにしてフィードバック情報を得るか―」松野豊研究代表『軽度精神遅滞児の教育計画策定に関する研究』1993，129-139。
- 広瀬信雄「養護学校における研究授業の課題―教授学的な視点からの検討―」『学校教育研究』5, 1990, 165-174。
- 池浦真理「同じ土台ではないけれど」『発達の遅れと教育』452（7），1995，8-11。
- 太田正己『普段着でできる授業研究のすすめ―授業批評入門―』明治図書，1994。
- Eisner, E.W., The Educational Imagination-on the design and evaluation of school programs (2nd ed.), MACMILLAN PUBLISHING COMPANY, 1985.
- 太田正己「授業設計における授業批評の影響―重度重複障害児の授業を通して―」『特殊教育学研究』30（5），1993，1-9。
- 太田正己「授業の実践段階における授業批評の影響」『特殊教育学研究』33（1），1995，9-16。
- 太田正己「学部学生の授業参観の視点の変化に及ぼす授業批評の影響―『障害児教育臨床』の授業実践を通して―」『特殊教育学研究』33（4），1996，33-38。

5

- 日本教育心理学会『学校心理士の役割と活動について―学校心理士活用のすすめ―』2001。
- 東京発達相談研究会・浜谷直人編著『保育を支援する発達臨床コンサルテーション』ミネルヴァ書房，2002年。
- 太田正己『深みのある授業をつくる―イメージで教え，事実で省みる障害児教育―』文理閣，1997。
- Shavelson, R.J., What Is The Basic Teaching Skill?, Journal of Teacher Education, 24, 1973, 144-151.

引用文献

- 石田利作『訓導論』教育研究会，1921。（『明治大正「教師論」文献集成』37巻，ゆまに書房，1991。）
- 塩見静一『教授法批評要義』明治図書，1925。
- 白井勇『国民学校指導・参観・批評』明治図書，1943。
- 太田正己「授業批評法の再構築—障害児の授業づくりのために—」『菅田洋一郎教授退官記念論文集』1995，13-20。
- 藤岡完治「これまでの評価と授業評価が違う点はどこか」『授業研究』17（11），1979，53-62。
- 西之園晴夫・増田久子・衣川悦子「教授方術析出のための授業分析の方法論とその適用—小学校家庭科の授業を事例として—」『京都教育大学紀要』Ser. A, 58, 1981, 89-98。
- 藤岡完治「指導の問題点が見えてくる実践記録のとり方」『授業研究』228，1981，89-98。
- 森一夫「発問・指示のどこを分析するか」『現代教育科学』41, 6 (7), 1991, 28-31。
- 折原一雄編著『小学校研究授業の進め方・見方』文教書院，1993，133-135。
- 吉崎静夫「教授タクティクス」細谷俊夫他編『新教育学大事典第2巻』1990，471-472。
- A養護学校教育課程検討委員会「公開研究会95資料—〈発達・障害の実態に応じた実践のあり方を求めて〉—」1995。
- 吉崎静夫「教授ストラテジー」細谷俊夫他編『新教育学大事典第2巻』1990，468-469。

7

7-1
- 横須賀薫編『授業研究用語辞典』教育出版，1990。
- 太田正己『障害児のための個別の指導計画・授業案・授業実践の方法』黎明書房，2003。
- 太田正己『自分の授業をつくるために—基礎用語から考える—』文理閣，2000。

7-2
- 太田正己『自分の授業をつくるために—基礎用語から考える—』文理閣，2000。
- 太田正己『深みのある授業をつくる—イメージで教え，事実で省みる障害児教育—』文理閣，1997。
- 斎藤喜博『授業の可能性』一茎書房，1976。
- 小川隆雄『障害児の力を引き出す87のツボ』日本文化科学社，1992。

7-3
- 太田正己『名言と名句に学ぶ障害児の教育と学級づくり・授業づくり』黎明書房，2003。
- 小出進「教育課程の編成」小出進編『精神遅滞』日本文化科学社，1982，1-45。
- 三重大学教育学部附属養護学校「量における『くらべる力』を育てる—『くらべる行動』の分析と学習内容，方法の検討—」『研究紀要』9，1984。
- ヴィゴツキー，柴田義松訳『思考と言語』新読書社，2001。
- E.ショップラー他，江草安彦監訳『自閉児・発達障害児　親と教師のための個別教育

プログラム』星和書店，1984。

7−4
- 太田正己『自分の授業をつくるために―基礎用語から考える―』文理閣，2000。
- 太田正己『深みのある授業をつくる―イメージで教え，事実で省みる障害児教育―』文理閣，1997。
- 斎藤喜博『教育学のすすめ』筑摩書房，1969。

7−5
- 太田正己『深みのある授業をつくる―イメージで教え，事実で省みる障害児教育―』文理閣，1997。
- 太田正己編『障害児のための授業づくりの技法―個別の指導計画から授業研究まで―』黎明書房，2000。

8
- 広島県立広島北養護学校『授業改善オーダーメイド・プロジェクト事業公開授業要項』2004。
- 東京都立あきる野学園養護学校「文部科学省研究開発学校第2年次研究開発中間報告会授業略案」2004。
- 富山大学教育学部附属養護学校『平成15年度教育実践研究会要項・研究紀要』2004。

9（アルファベット順）
- 福井大学教育地域科学部附属養護学校『第8回教育研究集会研究紀要　生活共同体としての新しい学校づくり―縦割り集団の中で子どもたちが自らつくり出すくらし―』2000。
- 船橋秀彦「自己決定を重視した授業としての作業の展開」『障害者問題研究』21（3），1993，249-261。
- 石橋昌雄「自分で手紙を出せるようになった」『児童心理』49（17），1995，123-127。
- 石崎一記「自己決定力はこうして育つ」『児童心理』49（17），1995，57-64。
- 河合弘之「葛藤をのりこえて―生活単元学習で―」『発達の遅れと教育』449（4），1994，32-33。
- 鯨井計洋「生徒にゆだねる部分を多くして」『発達の遅れと教育』440（8），1994，24-25。
- 三重大学教育学部附属養護学校『研究紀要第6集「つくる学習」を通しての意欲づくり―その考え方と実践へのこころみ―』1977。
- 三重大学教育学部附属養護学校『研究紀要第7集「つくる学習」を通しての意欲づくり』1979。
- 三木安正「新機関誌の発刊に当って」『精神薄弱児研究』1（1），1956，1。
- 文部省『盲学校，聾学校及び養護学校幼稚部教育要領　小学部・中学部学習指導要領　高等部学習指導要領』大蔵省印刷局，1999。

引用文献

- 長澤正樹「重度知的障害のある児童生徒を対象とした自己選択の実態―養護学校における食事と遊び場面に基づく調査研究―」『発達障害研究』23 (1), 2001, 54-62。
- 太田正己『自分の授業をつくるために―基礎用語から考える―』文理閣, 2000。
- 嶋田洋徳「自己決定の心理学」『児童心理』49 (17), 1995, 21-27。
- 志村克美「『自己決定』の経験を積み重ねて」『発達の遅れと教育』440 (8), 1994, 20-21。
- 須田正信・黒田健次「精神遅滞者の就労選択時における自己決定について」『発達障害研究』18 (1), 1996, 68-75。
- 高垣隆治・池本喜代正「自己選択・自己決定の力を育む授業―知的障害養護学校の作業学習を通して―」『宇都宮大学教育学部教育実践総合センター紀要』24, 2001, 186-196。
- 滝充「自己決定力を育む学校教育」『児童心理』49 (17), 1995, 28-34。
- 丹野由二「精神薄弱児教育における『生活単元学習』の研究―その2：A類型単位学習活動に関するVTR反復視聴法による授業分析―」『宇都宮大学教育学部紀要』22 (1), 1972, 37-107。
- 手島由紀子・吉利宗久「わが国における知的障害者の自己決定に関する研究動向―学習と支援を中心に―」『川崎医療福祉学会誌』11 (1), 2001, 211-217。
- 遠山文吉「教科別の指導―音楽―思考し自分の意思で選択できる力を育てる音楽授業の一方法について―」『発達の遅れと教育』408 (1), 1992, 38-42。
- 辻村泰男「考える精薄（巻頭言）」『教育と医学』1966, 2-3。
- 内海淳「自己決定と本人参加への支援①」『発達の遅れと教育』465 (6), 1996a, 80-83。
- 内海淳「自己決定と本人参加への支援②」『発達の遅れと教育』466 (7), 1996b, 78-81。
- 横山孝子「みずから活動し，できる経験を積み重ねて」『発達の遅れと教育』440 (8), 1994, 35-37。

著者紹介

太田正己

　京都教育大学教授を経て，現在皇學館大学教授。
　十数年の知的障害養護学校勤務ののち，大学で「障害児教育方法」，「障害児教育臨床」の授業を担当。特に「障害児教育臨床」では，学生が養護学校で子どもたちや先生方と直接関わる経験を重視している。また，養護学校を中心に授業研究会に多く参加している。専門は，障害児教育の授業づくり，授業研究。
　授業づくり，授業研究に関わる主な著書：
『普段着でできる授業研究のすすめ―授業批評入門―』（明治図書，1994年）
『深みのある授業をつくる―イメージで教え，事実で省みる障害児教育―』（文理閣，1997年）
『自分の授業をつくるために―基礎用語から考える―』（文理閣，2000年）
『障害児のための授業づくりの技法―個別の指導計画から授業研究まで―』（黎明書房，2000年）
『自閉症児教育方法史（増補版）』（文理閣，2003年）
『障害児のための個別の指導計画・授業案・授業実践の方法』（黎明書房，2003年）
『名言と名句に学ぶ障害児の教育と学級づくり・授業づくり』（黎明書房，2003年）

　　　　　特別支援教育のための授業力を高める方法

2004年8月25日　初版発行
2007年3月20日　3刷発行

　　　著　者　　太　田　正　己
　　　発行者　　武　馬　久仁裕
　　　印　刷　　株式会社　一　誠　社
　　　製　本　　協栄製本工業株式会社

　発　行　所　　　　　　株式会社　黎　明　書　房

〒460-0002 名古屋市中区丸の内3-6-27　EBSビル
☎052-962-3045　FAX052-951-9065　振替・00880-1-59001
〒101-0051 東京連絡所・千代田区神田神保町1-32-2
　　　　　　南部ビル302号　☎03-3268-3470

落丁本・乱丁本はお取替します。　　　ISBN978-4-654-01738-6
　©M. Ohta 2004, Printed in Japan

太田正己著　　　　　　　　　　　　　Ａ５判　218頁　2400円
名言と名句に学ぶ 障害児の教育と学級づくり・授業づくり
障害児教育にたずさわる教師を励ます多くの先人の生き方を語ると共に，障害児教育の技術のエッセンスを簡潔な言葉で紹介し，解説する。

太田正己編著　　　　　　　　　　　　Ｂ５判　135頁　2500円
障害児のための 個別の指導計画・授業案・授業実践の方法
障害児の授業＆学級経営シリーズ①　教材を媒介とした働きかけに対する子どもの意欲的な関わりや，その有効性がよくわかる実践例を理論とともに紹介。

芸術教育研究所編　　　　　　　　　　Ｂ５判　164頁　2000円
障害児のための手づくりおもちゃ
障害児教育＆遊びシリーズ①　知的・身体的に障害のある子どもの発達段階に応じた68種のおもちゃの作り方，遊び方をイラストを交え紹介。新装・大判化。

芸術教育研究所編　国松五郎兵衛著　　　Ｂ５判　186頁　2500円
からだ・しつけ・ことばの指導（幼児）
障害児教育＆遊びシリーズ②　知的障害児の感覚・運動機能をのばす指導法。『ちえおくれの幼児のためのからだ・しつけ・ことばの指導』増補・改訂・大判化。

芸術教育研究所編　松樹偕子執筆　　　　Ｂ５判　152頁　2300円
障害児の音楽指導
障害児教育＆遊びシリーズ③　障害児の体や心の発達に合わせた，体を動かすことから歌唱，合奏までの指導法を楽譜とイラストを交え紹介。新装・大判化。

丹羽陽一・武井弘幸著　　　　　　　　Ｂ５判　76頁　2400円
障害の重い子のための「ふれあい体操」（CD付）
障害児教育＆遊びシリーズ④　障害児の心に届く歌とふれあいの体操を，だれにも分かるようにイラストと楽譜で紹介。CDですぐに実践できます。

太田正己編著　　　　　　　　　　　　Ｂ５判　128頁　2300円
障害児のための授業づくりの技法
障害児教育＆遊びシリーズ⑤　個別の指導計画から授業研究まで／「訓練」「療法」でなく，障害児のための授業づくりのプロセスを養護学校での実践に基づき紹介。

表示価格は本体価格です。別途消費税がかかります。

望月勝久・山浦達雄・齋藤一雄・土野研治著　　　　B5判　174頁　2700円
イラストでわかる障害児のリトミック指導
障害児教育＆遊びシリーズ⑥　リトミック指導を自然動作反応リトミック，模倣動作反応リトミック，遊戯リトミック，総合リトミックに分け，図と楽譜を交え紹介。

森　哲弥著　　　　　　　　　　　　　　　　　　　B5判　160頁　2500円
障害児の遊びと手仕事　遊具・教具のつくりかた
障害児教育＆遊びシリーズ⑦　重い障害を持つ子どもの様々な条件に合った65種の遊具・教具の作り方と遊び方を，イラストを交えて紹介。大判化。

芸術教育研究所編　国松五郎兵衛著　　　　　　　　B5判　199頁　3100円
かたち・ことば・かずのあそび 90〈小学生〉
障害児教育＆遊びシリーズ⑧　知的障害児の文字や数の認識力を伸ばす指導法。『ちえおくれの子のためのかたち・ことば・かずのあそび 90』改訂・改題・大判化。

太田正己編著　　　　　　　　　　　　　　　　　　B5判　139頁　2600円
障害児と共につくる楽しい学級活動
障害児の授業＆学級経営シリーズ②　「学級活動の1年」，「学級活動の1日」などの具体的な実践の様子をイラストを交えて詳しく紹介。

太田正己著　　　　　　　　　　　　　　　　　　　A5判　124頁　1800円
特別支援教育の授業づくり 46 のポイント
「教材づくり」「発問の仕方」「学習活動の工夫」等，特別支援教育の授業の専門家として，押さえておきたい46のポイントを解説。

高野清純・渡辺弥生著　　　　　　　　　　　　　　四六判　174頁　1500円
学習障害（LD）ってなに？
学習障害の原因や特徴，発見・指導の方法，専門機関との関わり方等を，Q&A方式で分かりやすく解説。早期発見と適切な対応のための親と教師の必読書。

E. ショプラー編著　　田川元康監訳　　　　　　　A5判　251頁　3000円
自閉症への親の支援　TEACCH入門
自閉症児・者との生活の中で生じる困難な事態に対処する，親と専門家（TEACCHスタッフ）の連携による創意に満ちた実践事例を，分かりやすく紹介。

表示価格は本体価格です。別途消費税がかかります。